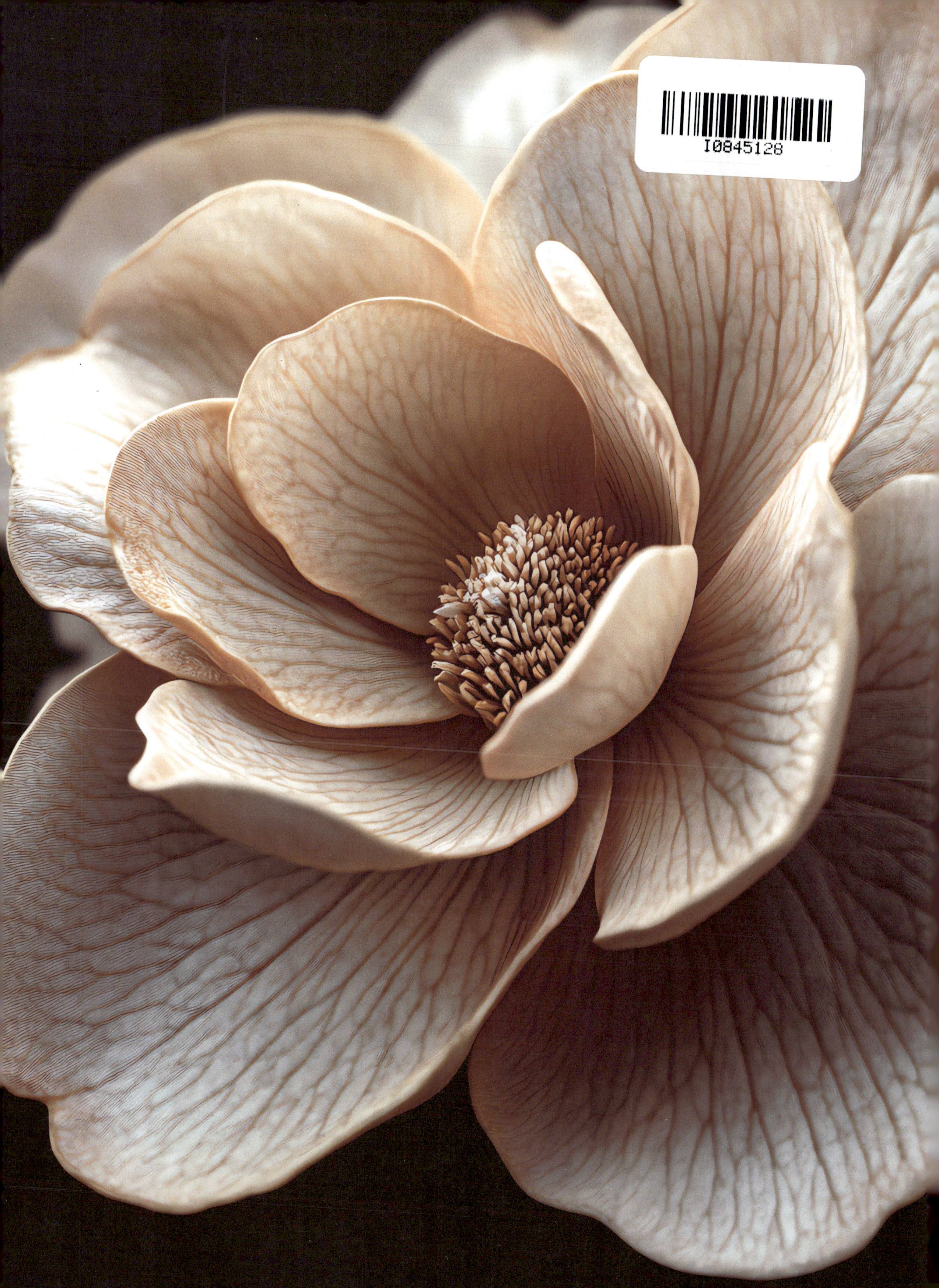
I0845128

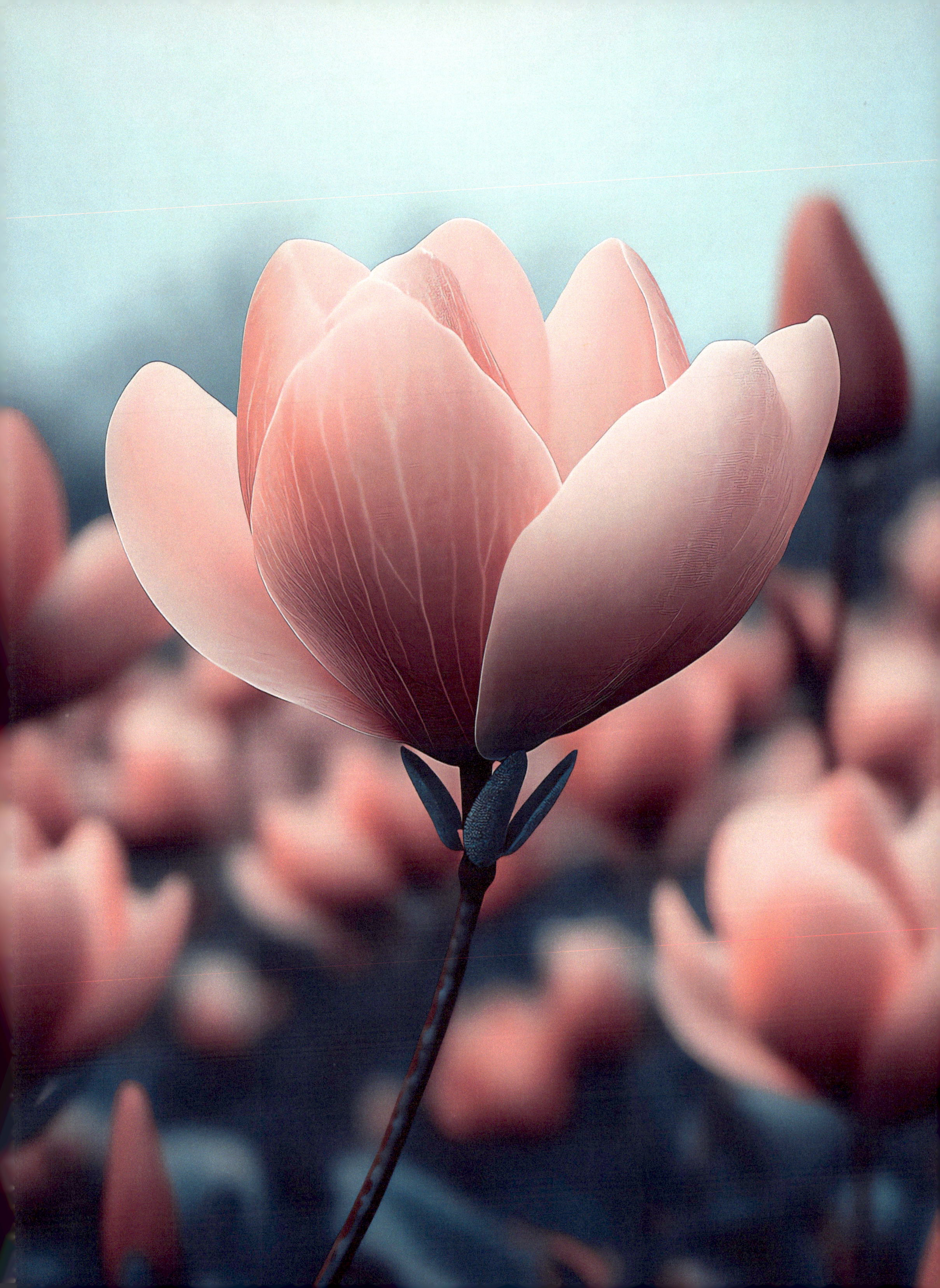

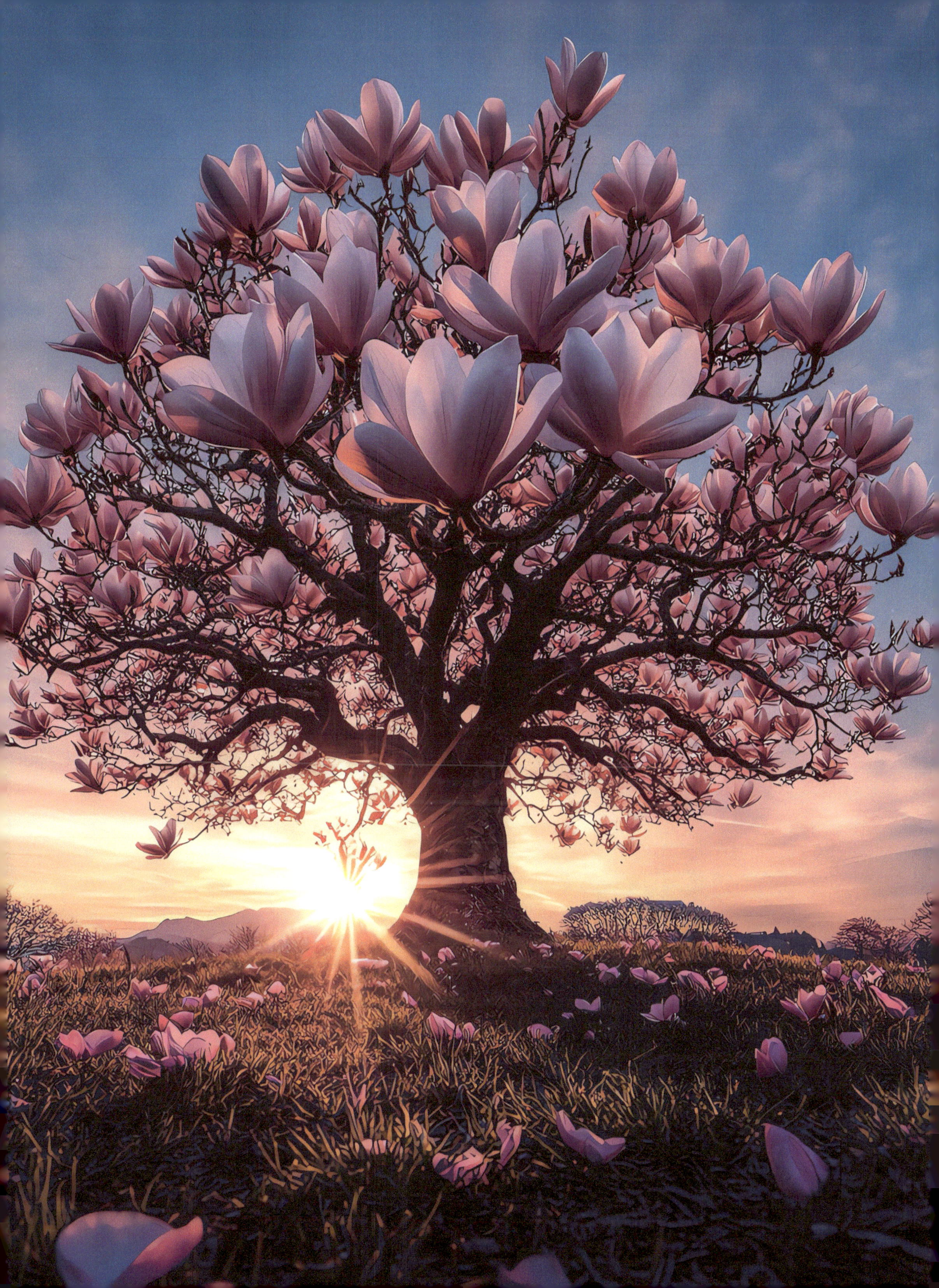

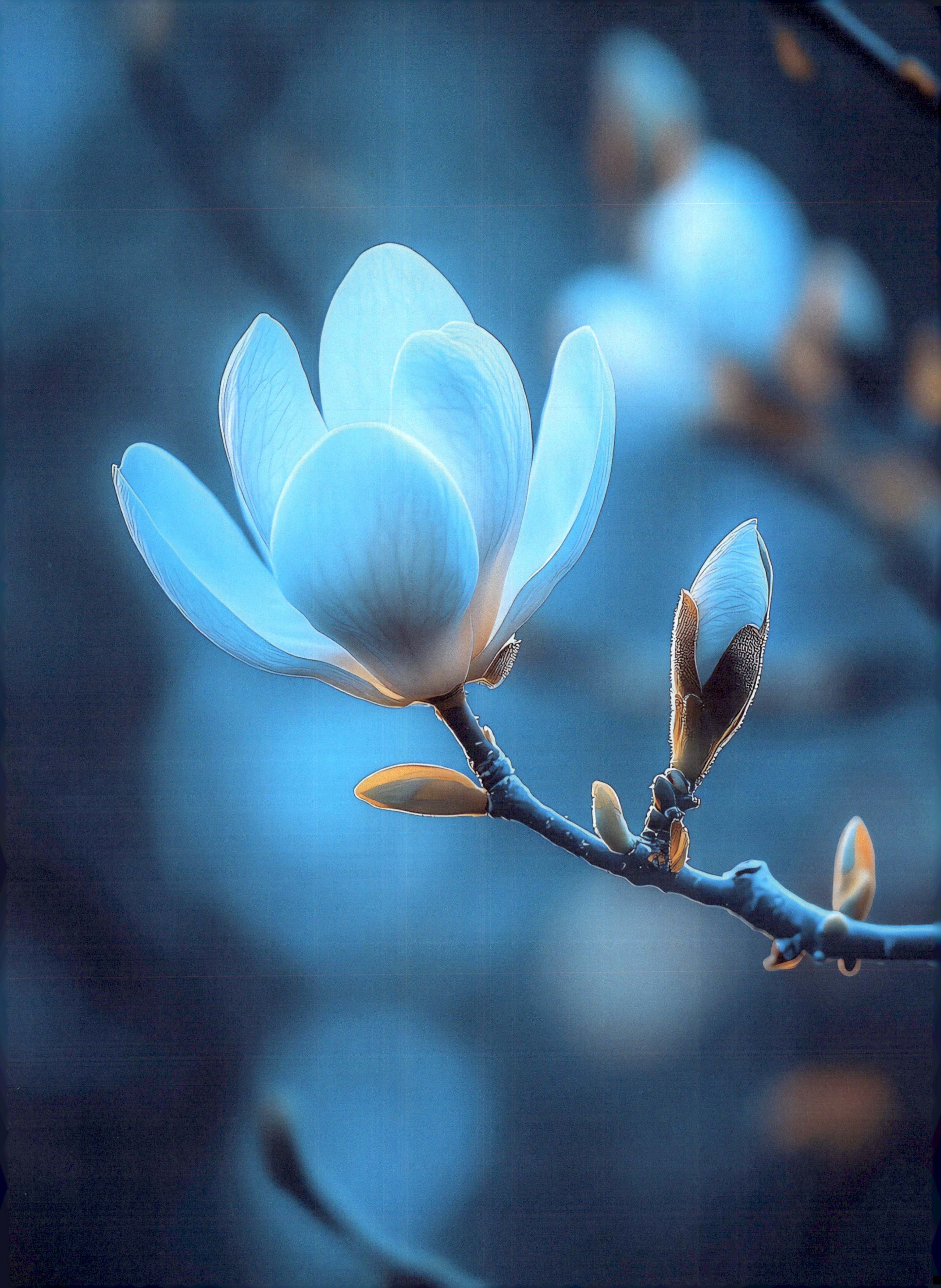

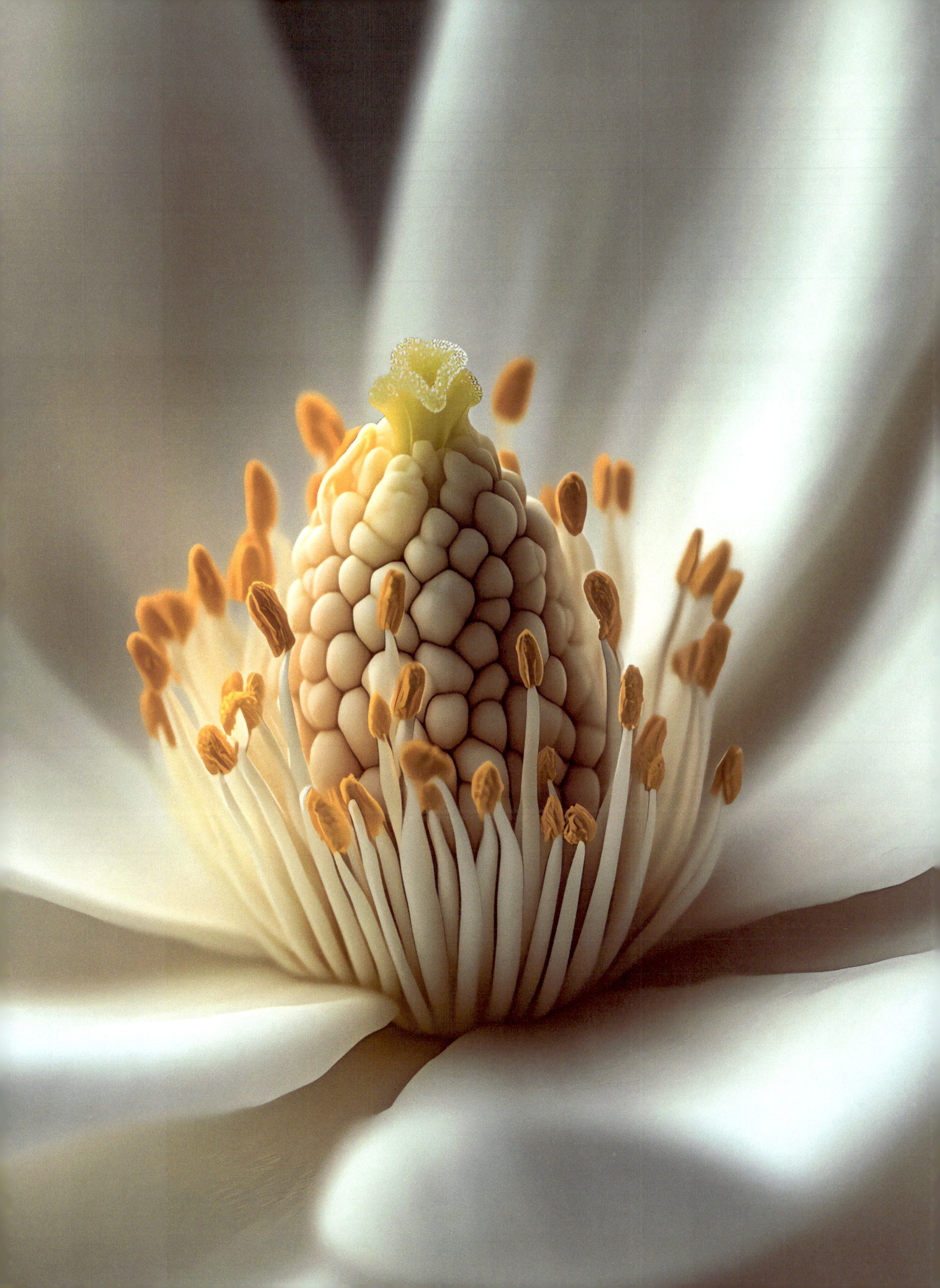

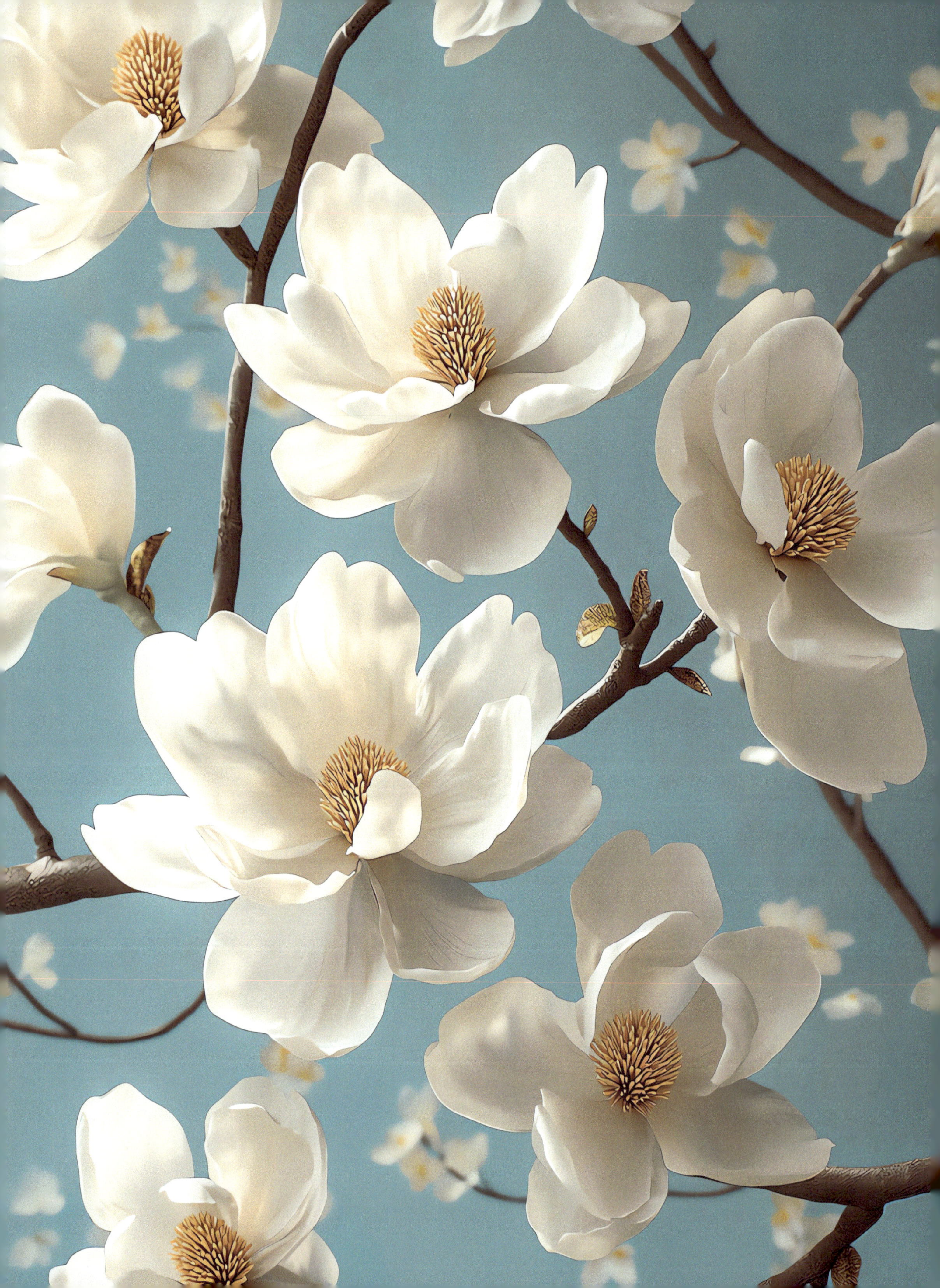

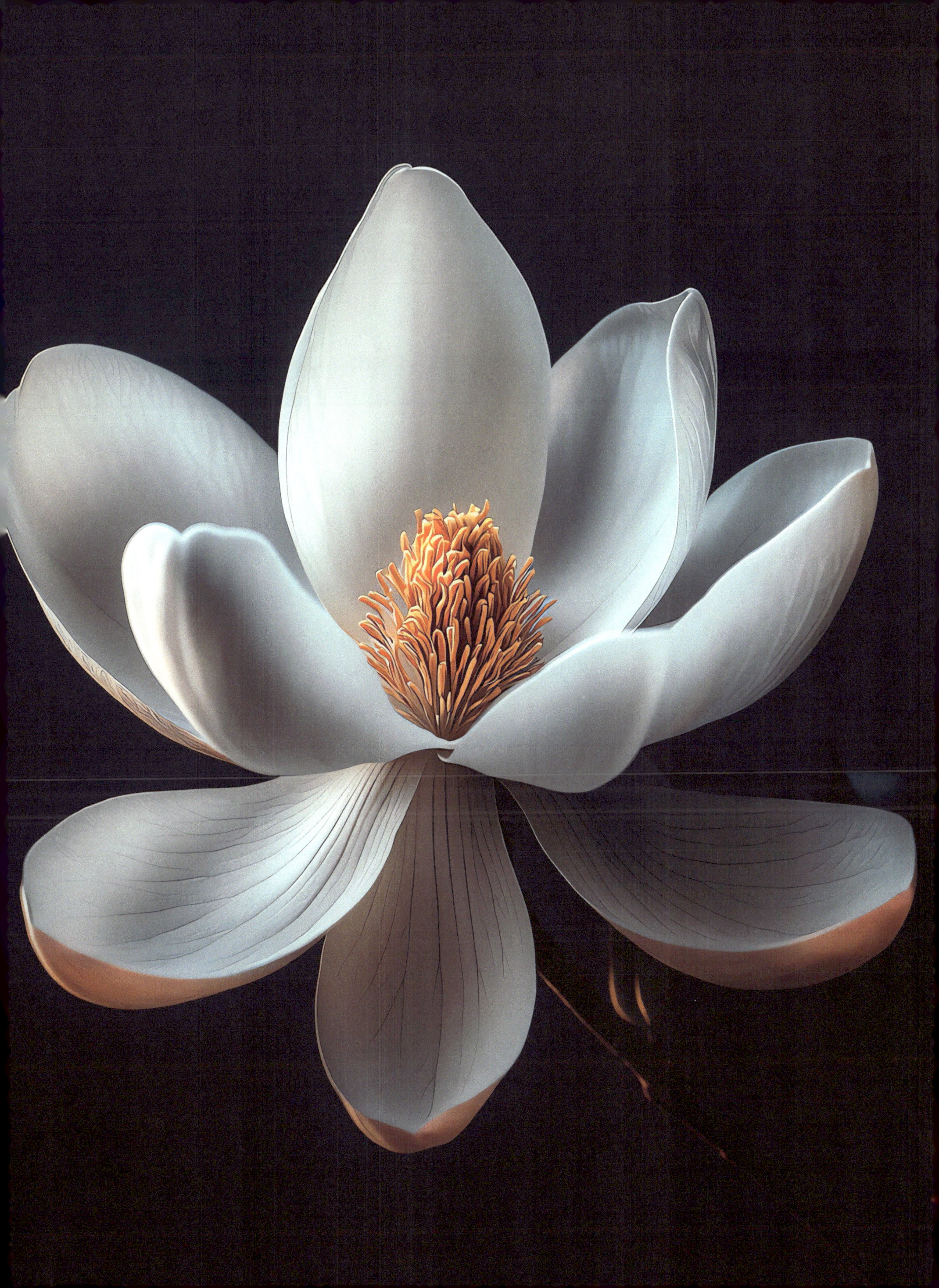

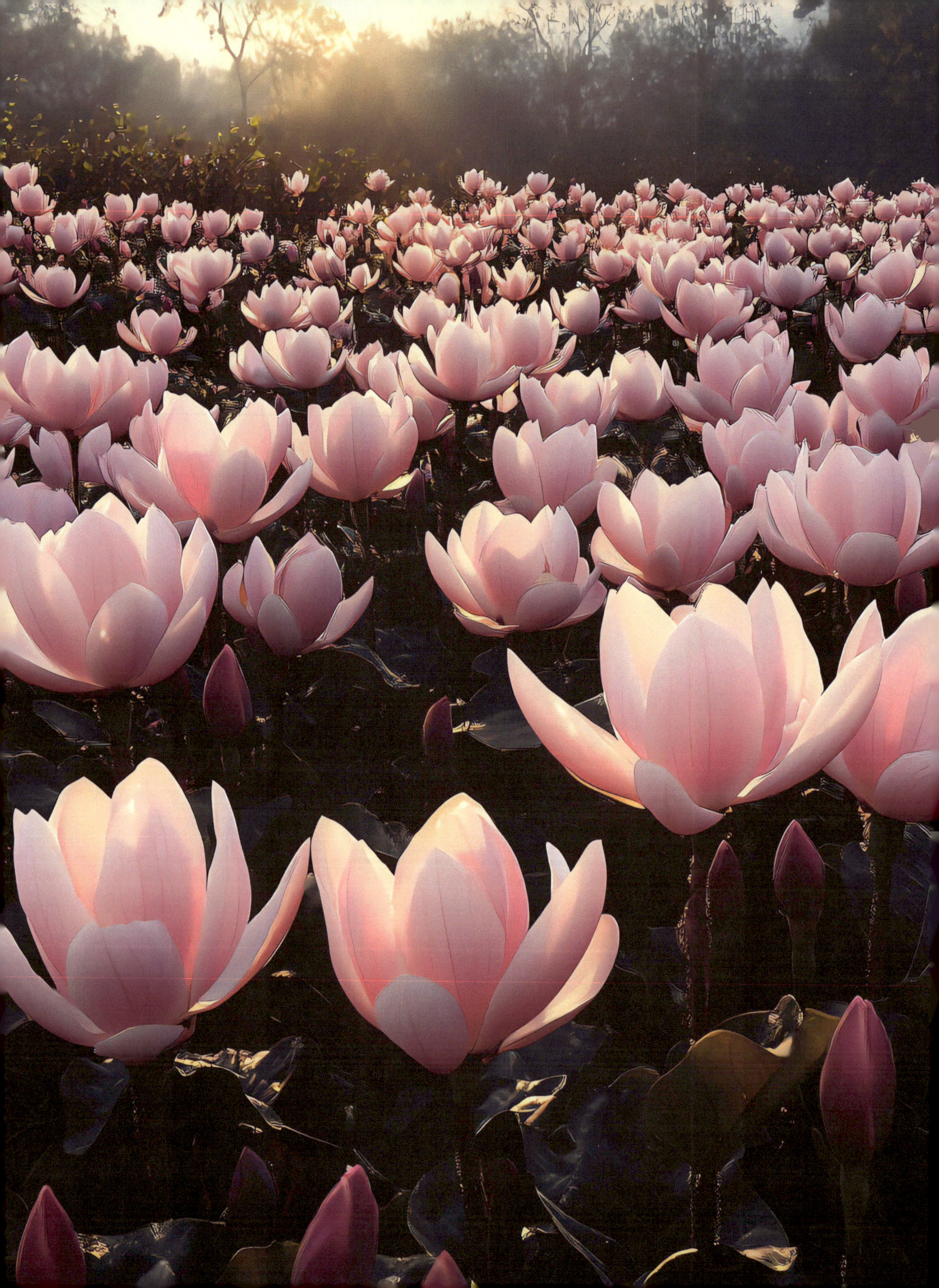

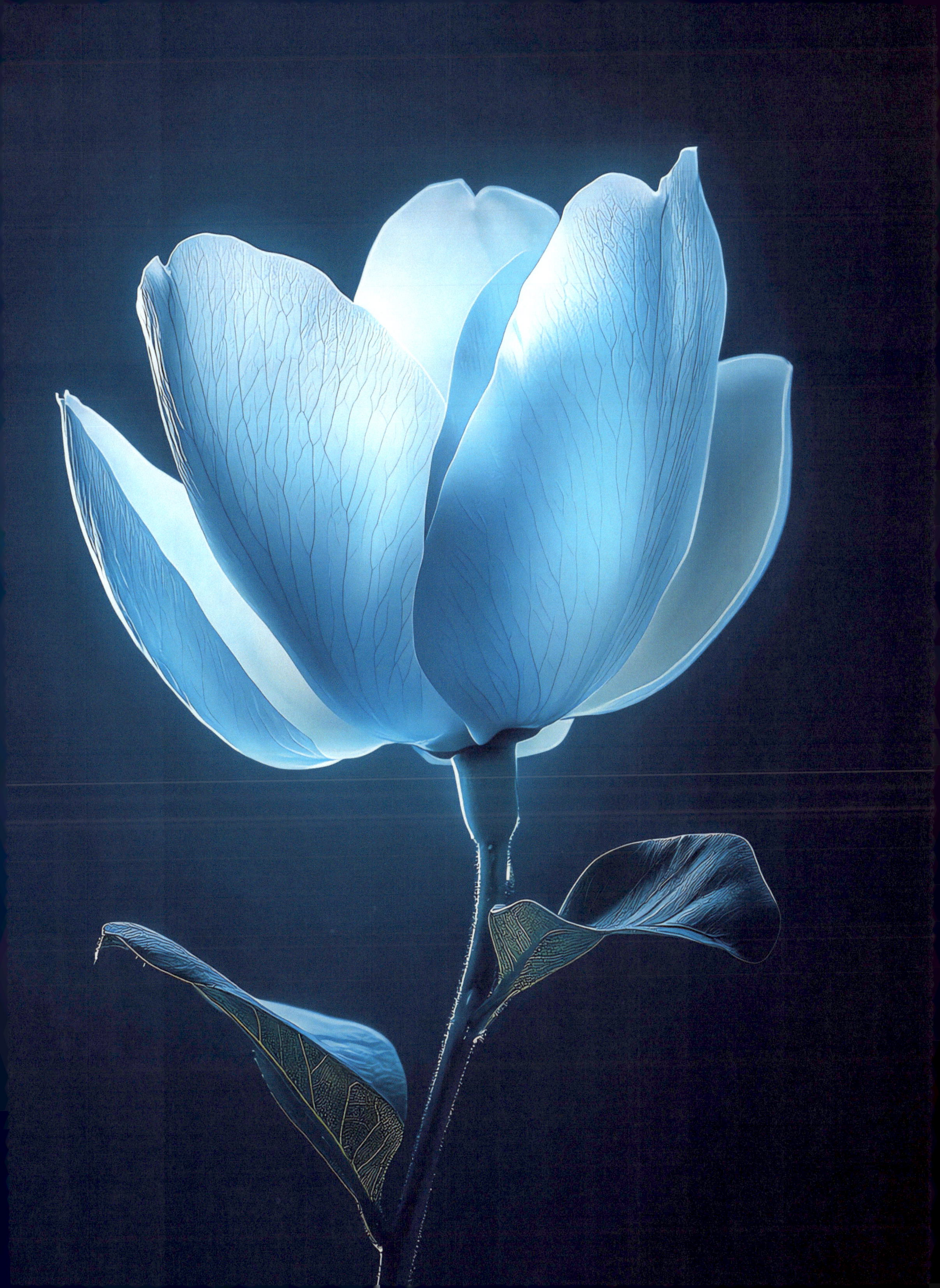

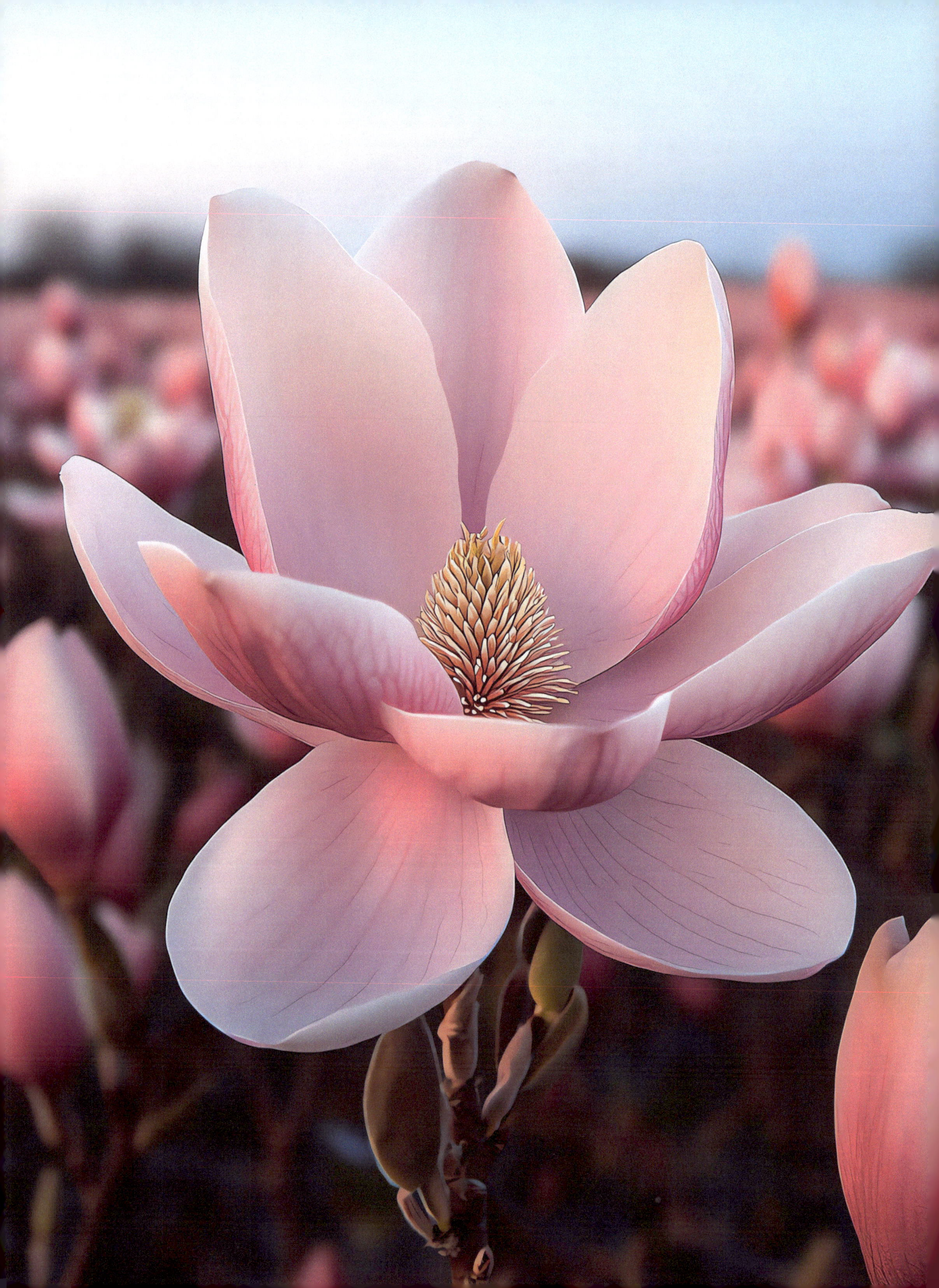

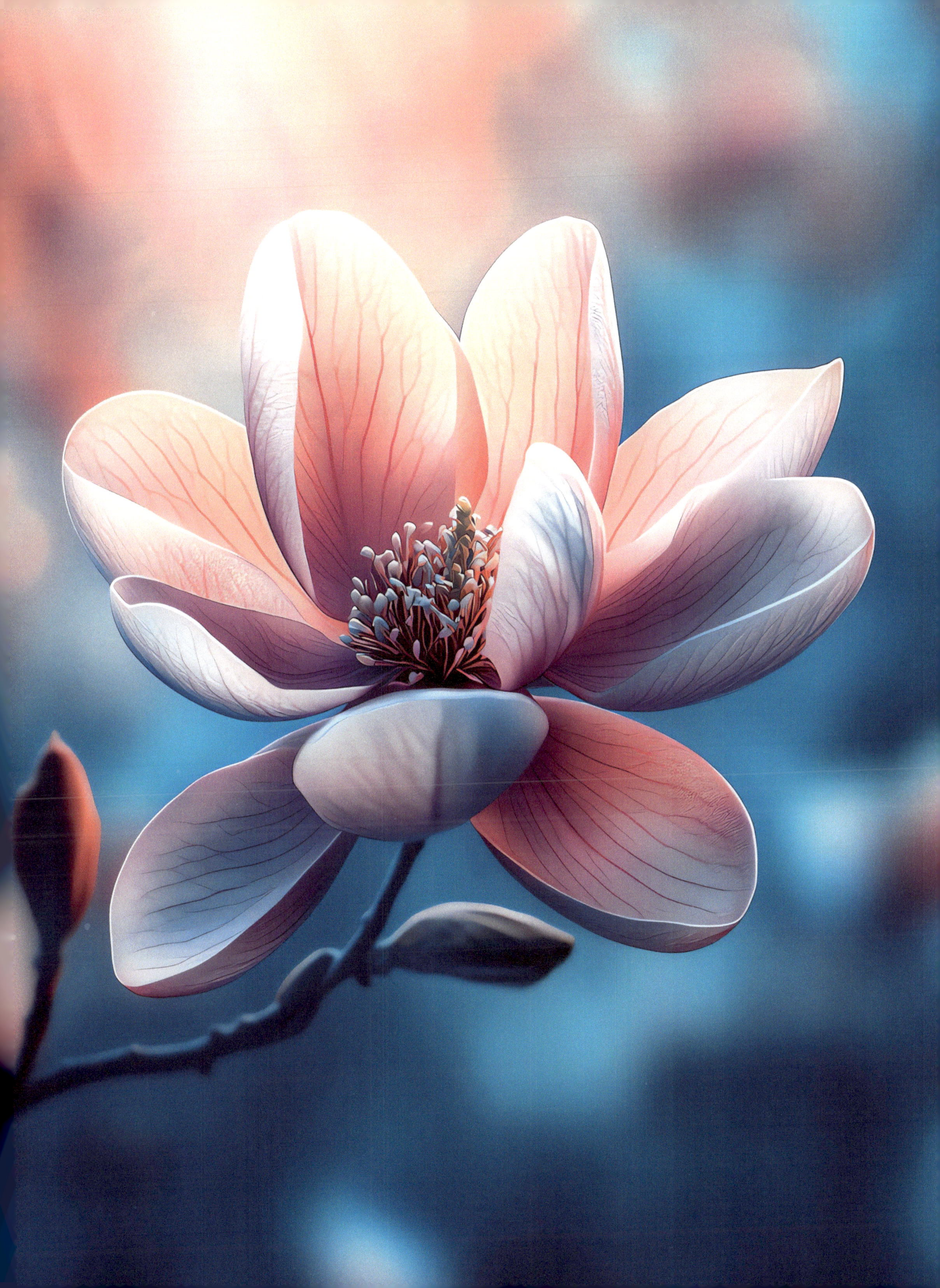

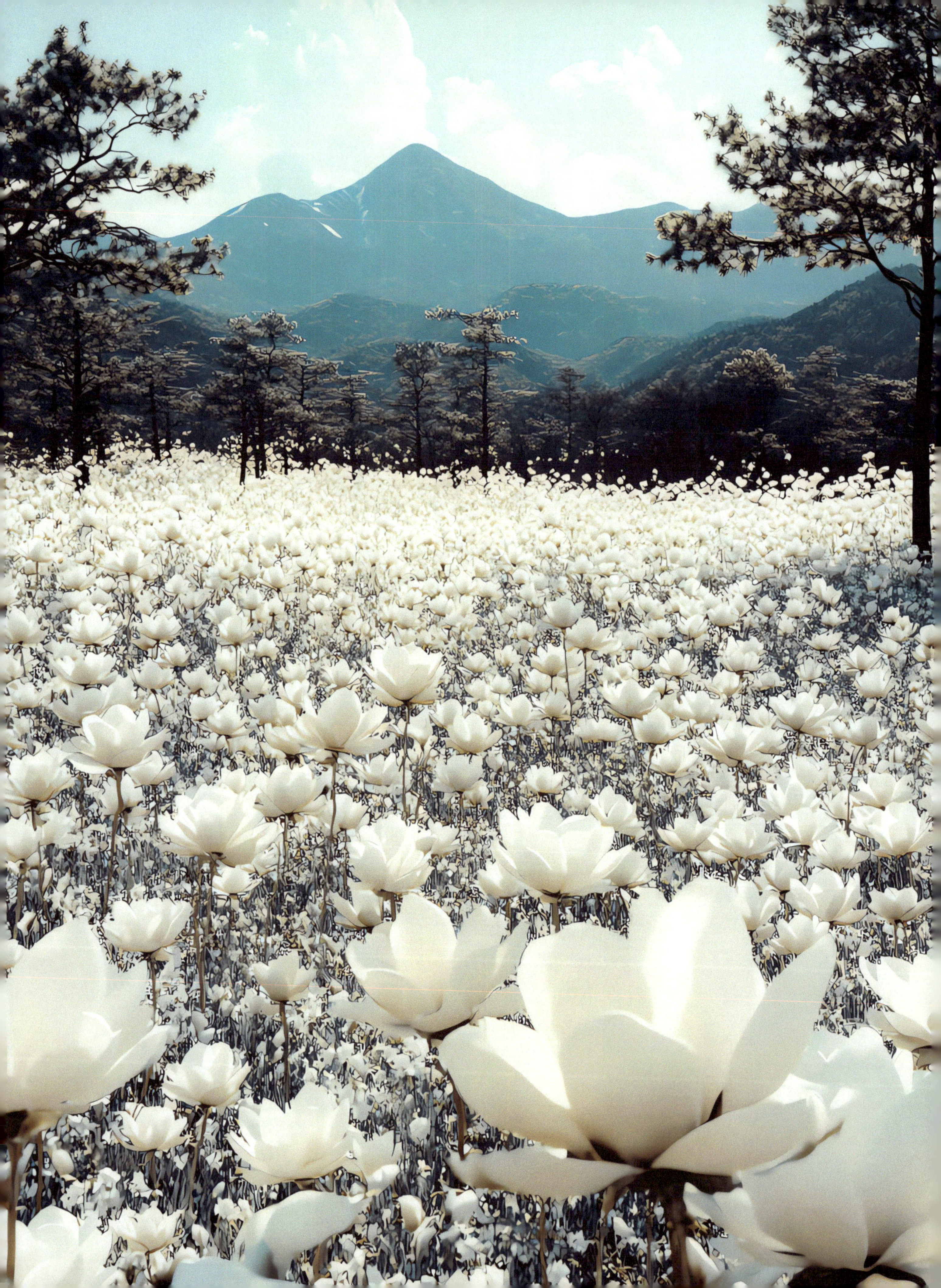

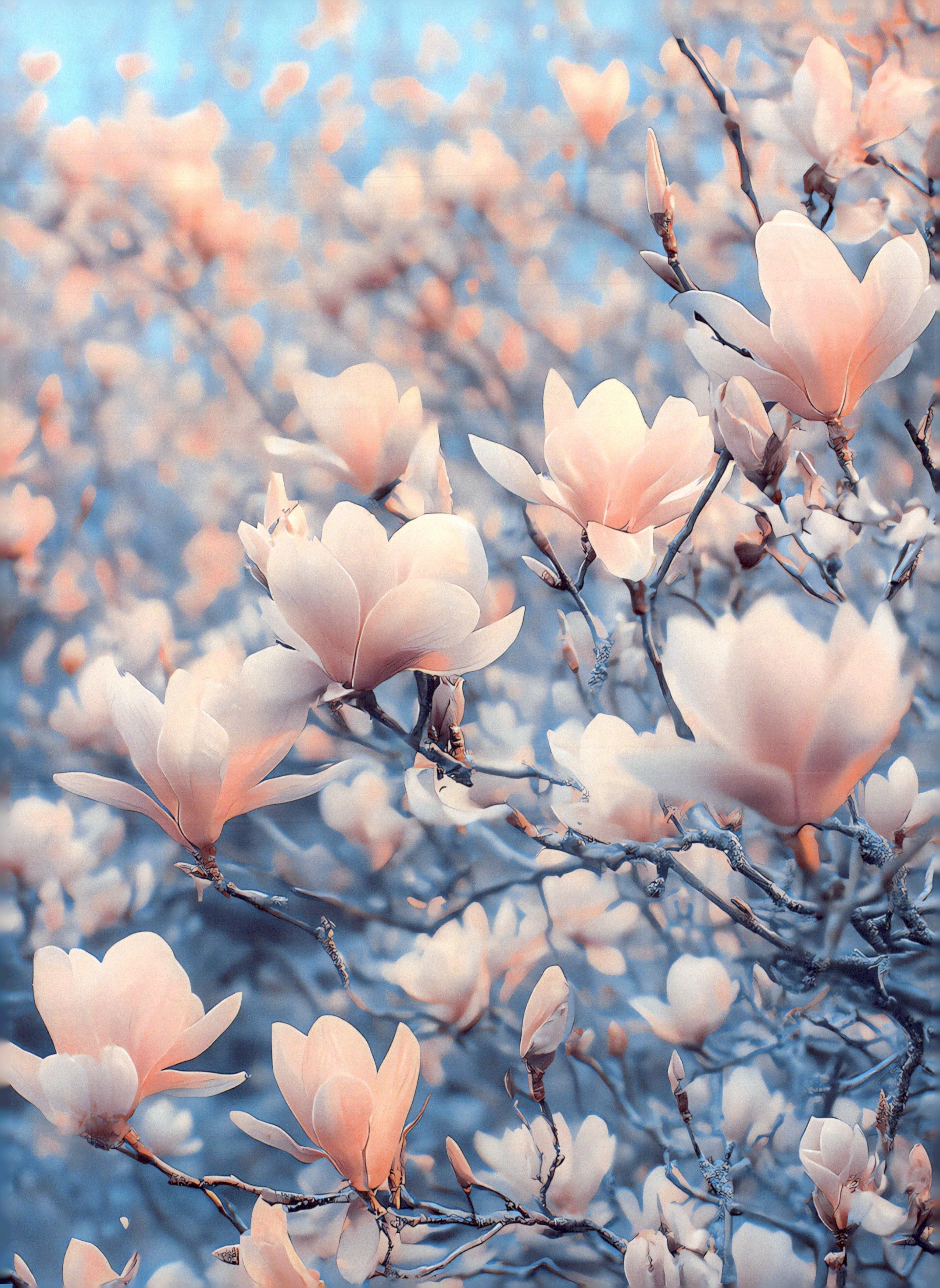

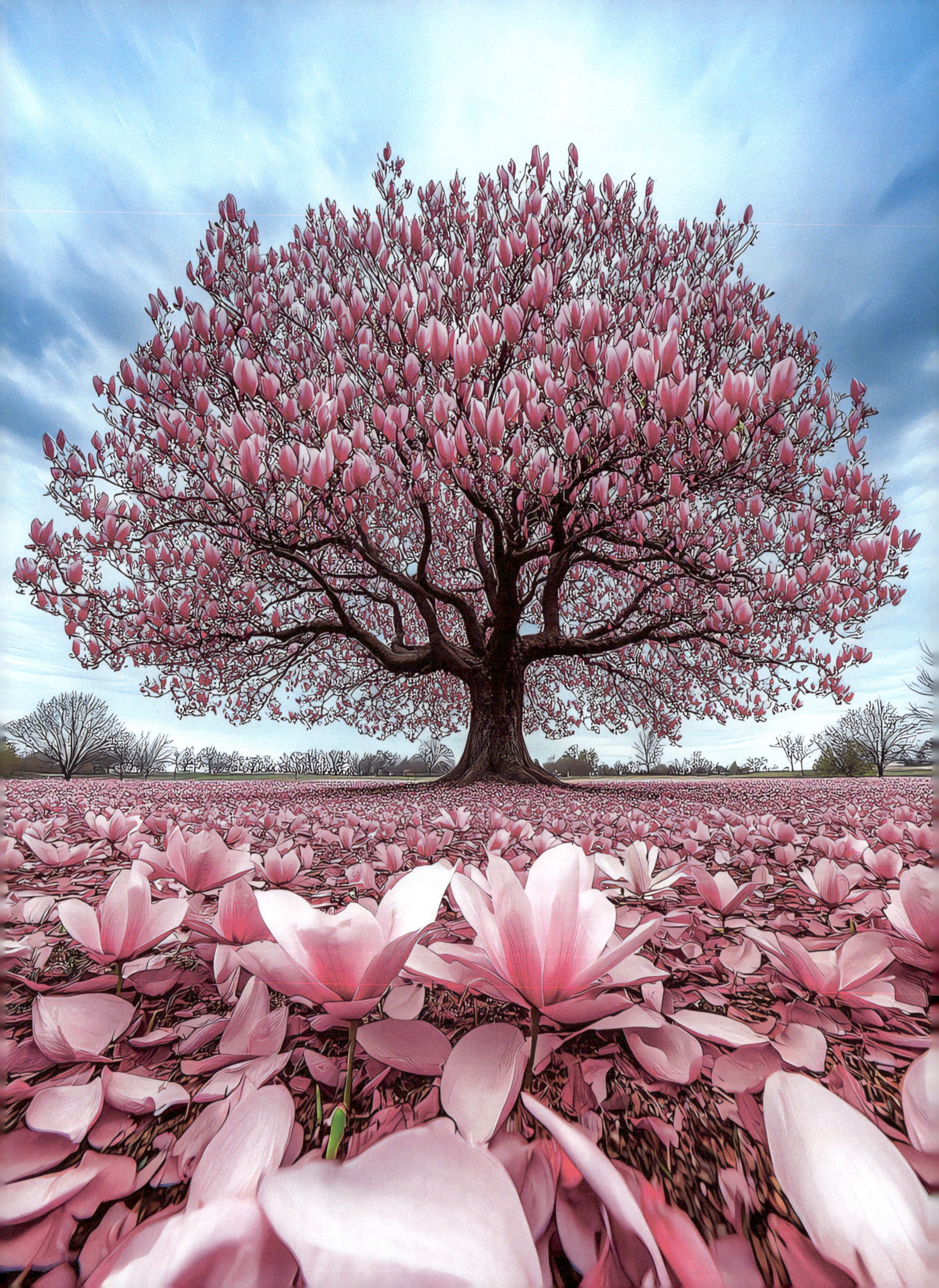

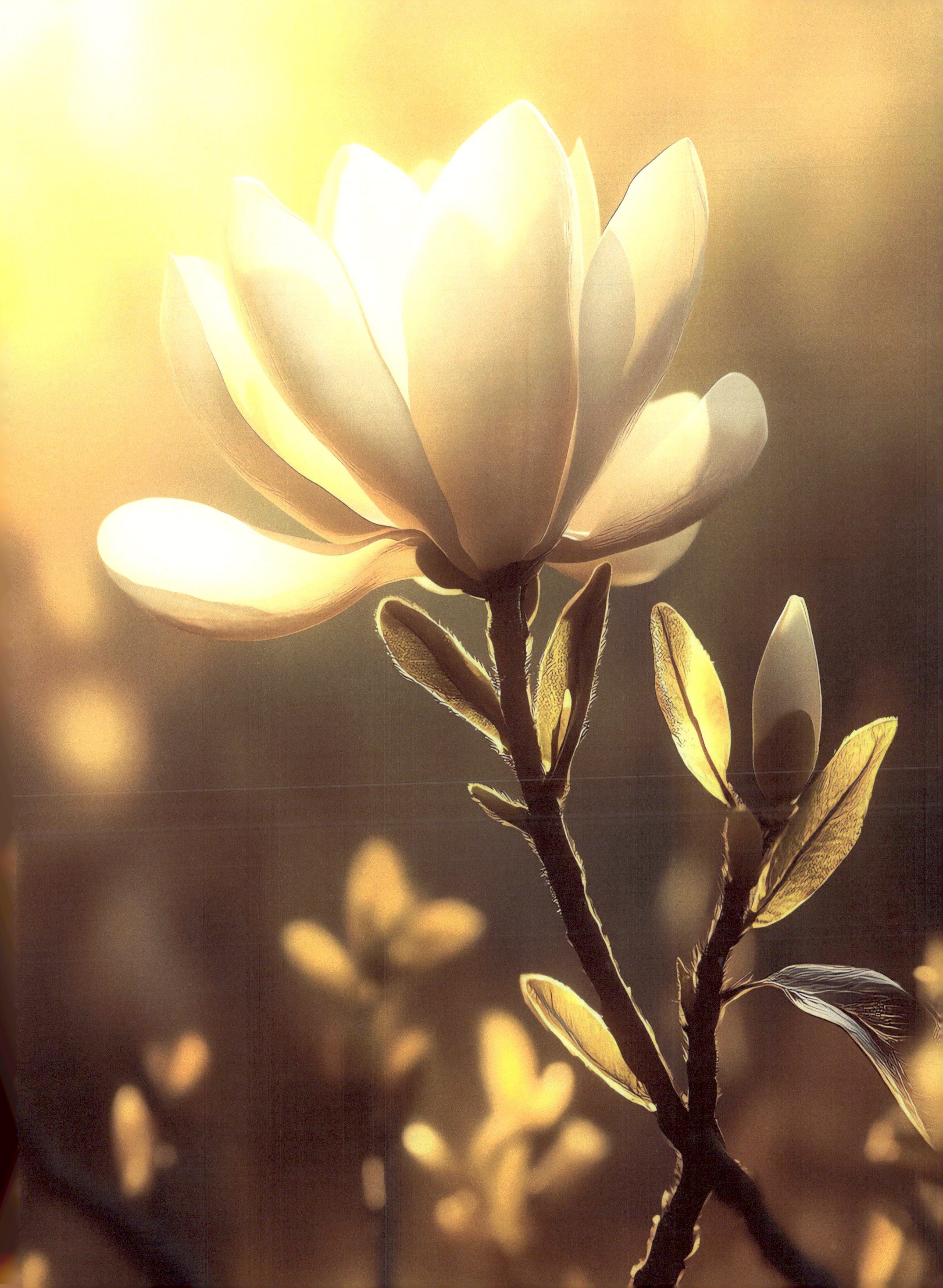

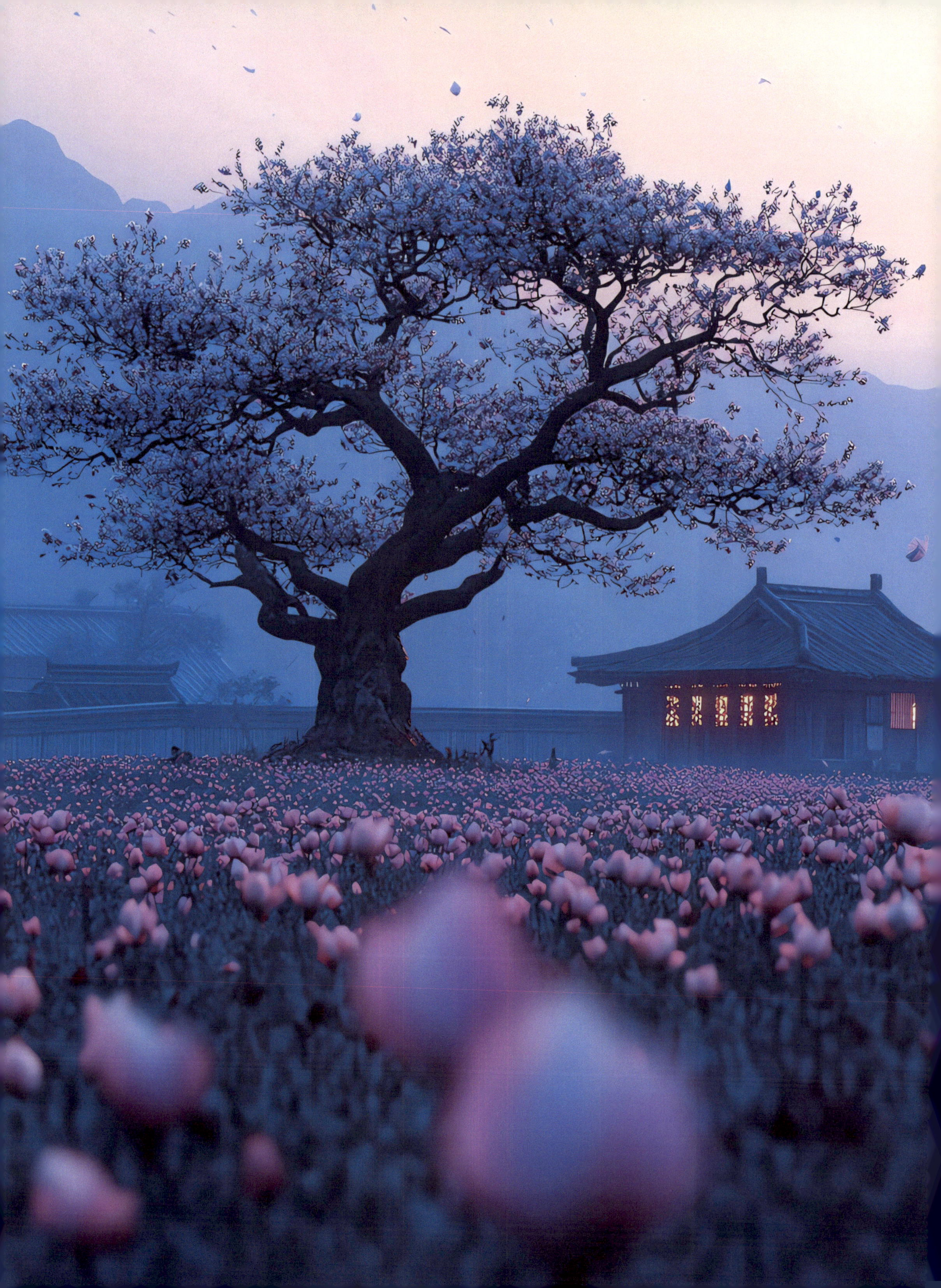

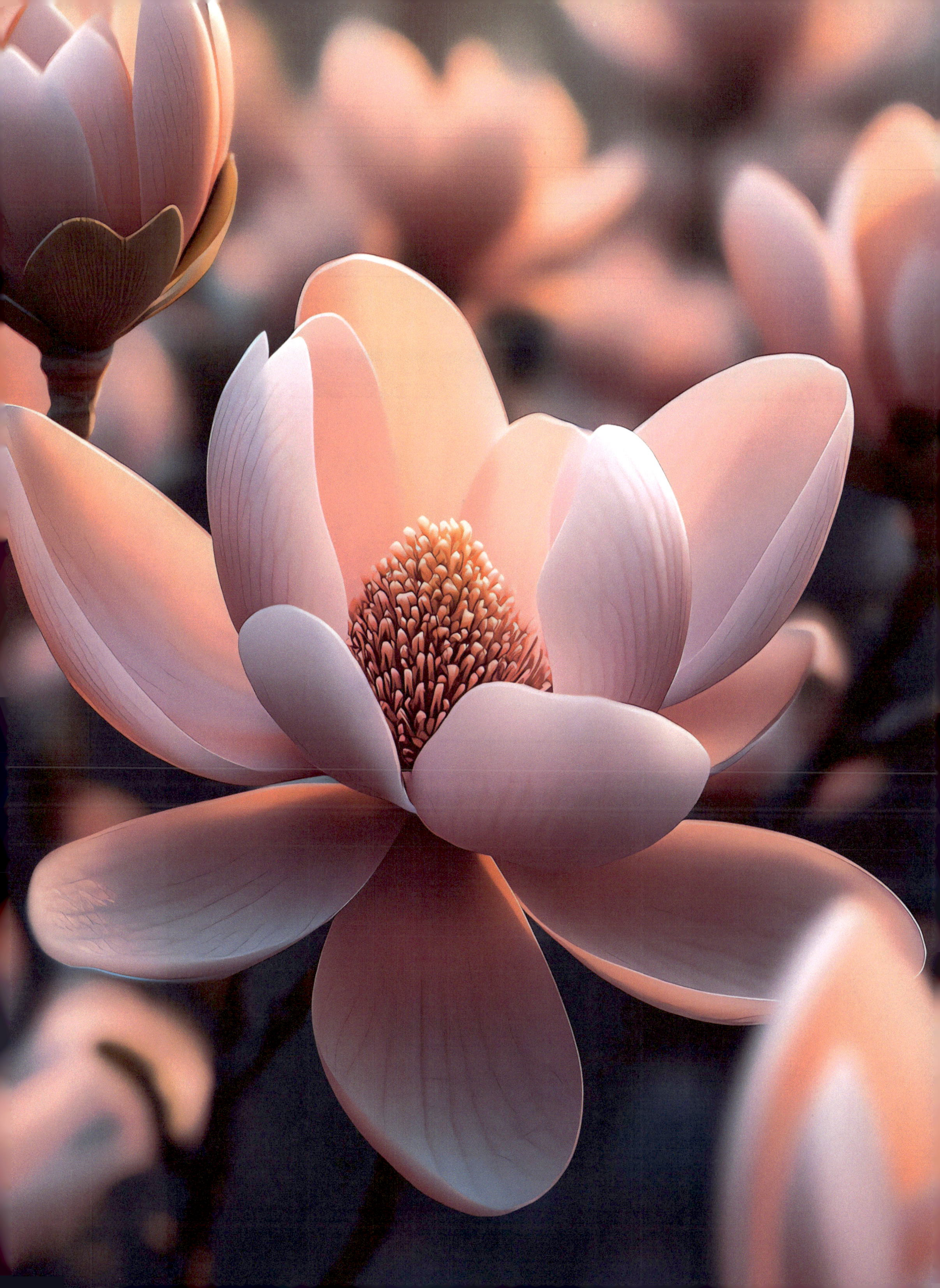

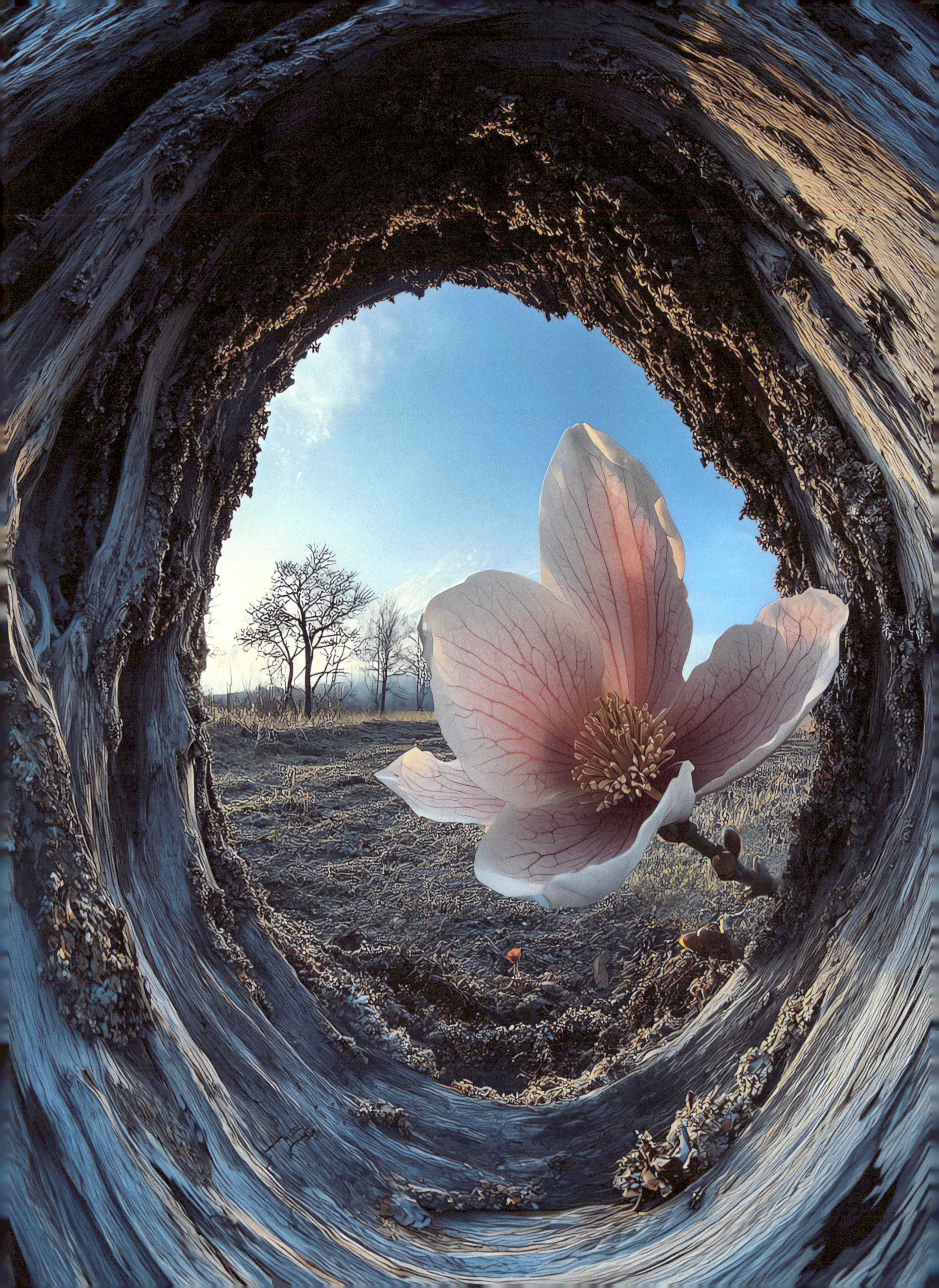

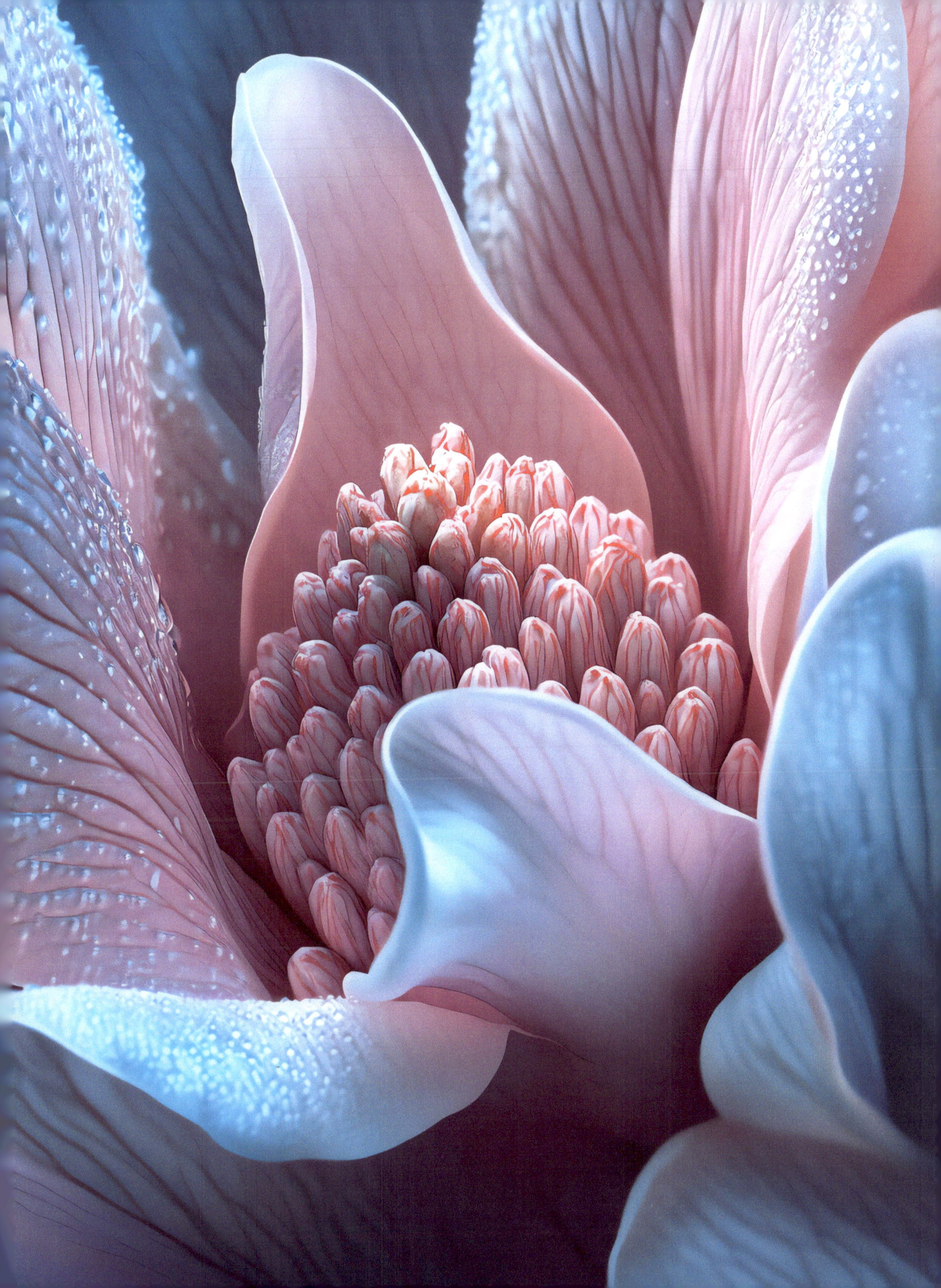

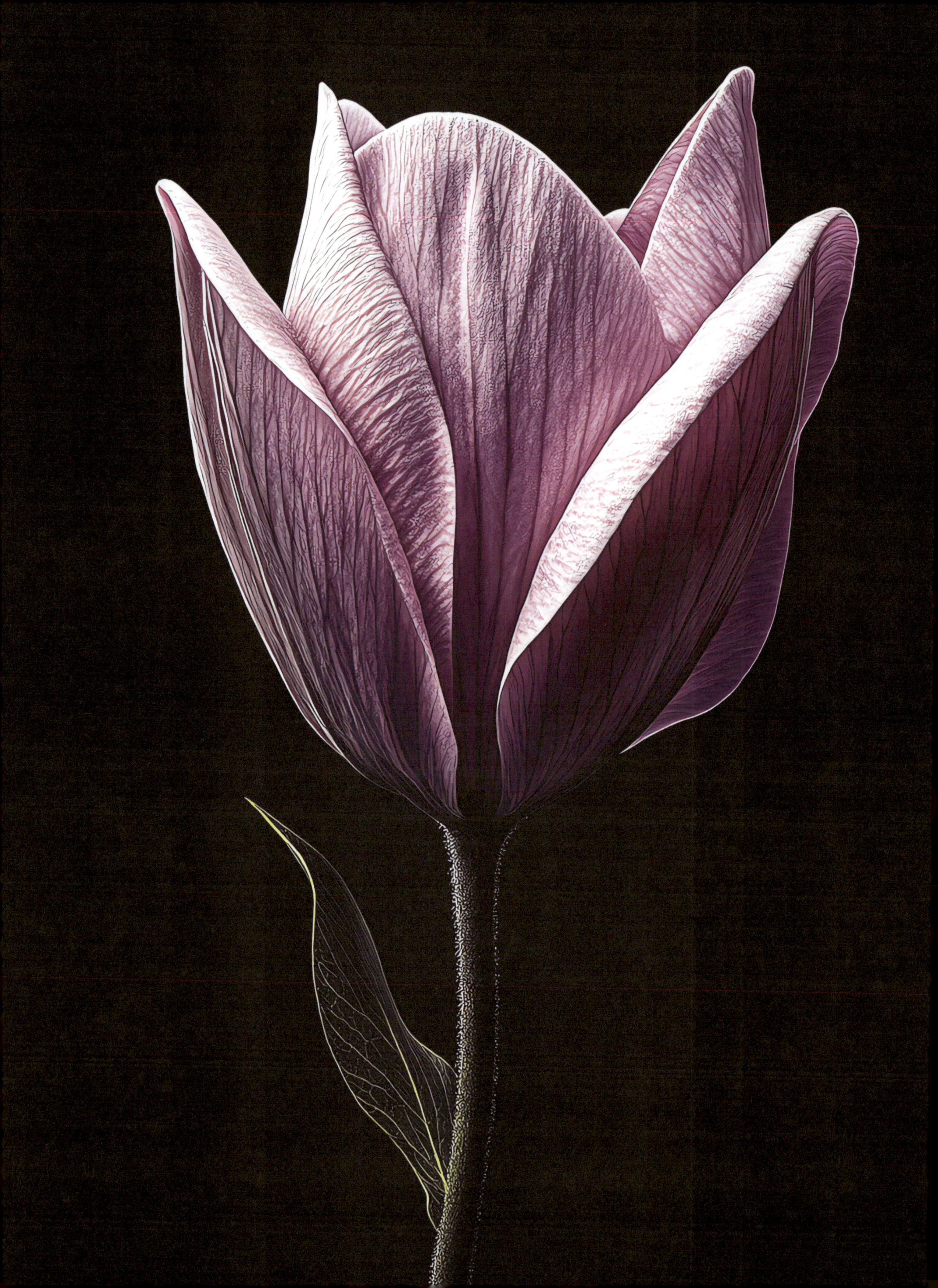

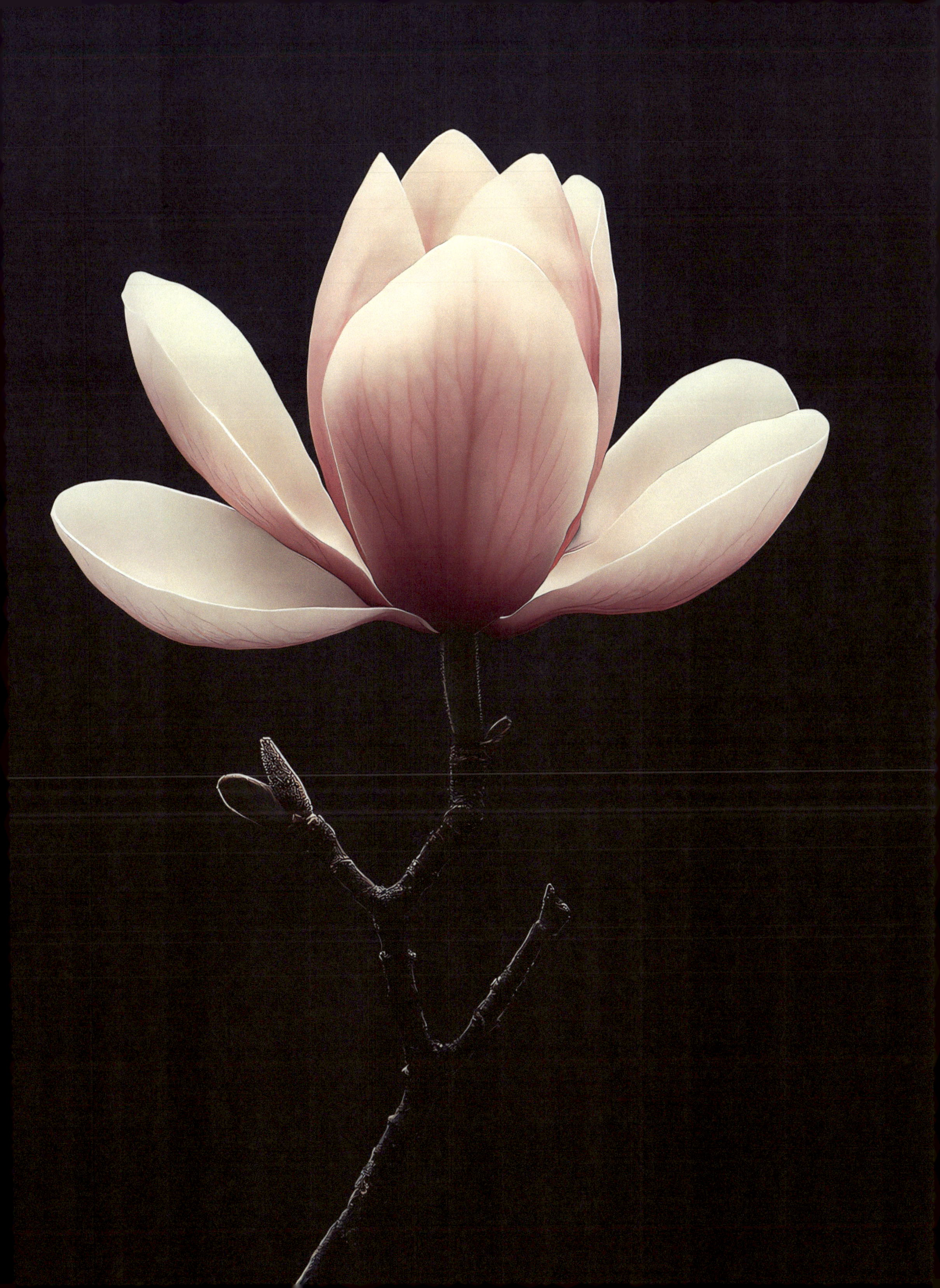

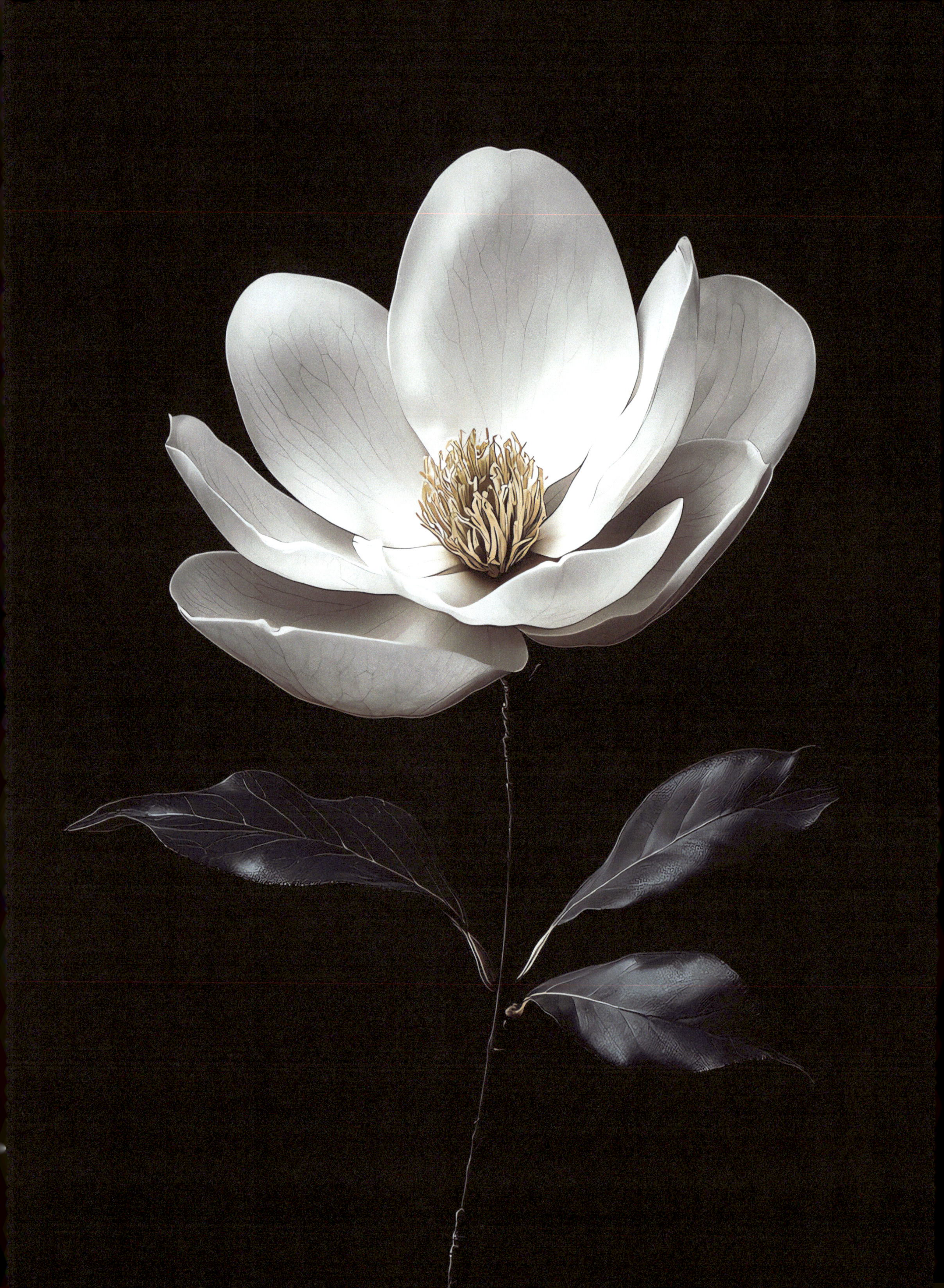

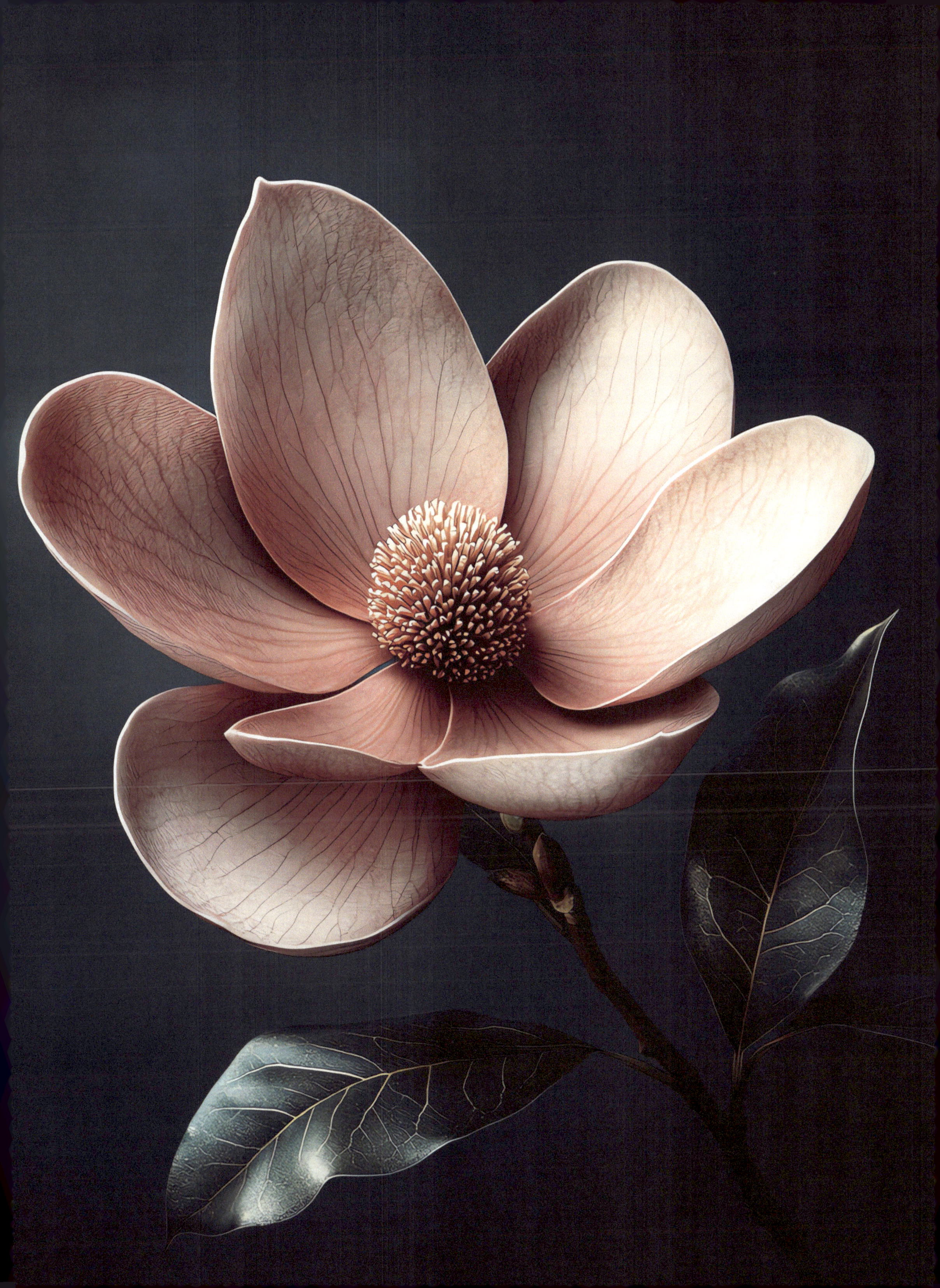

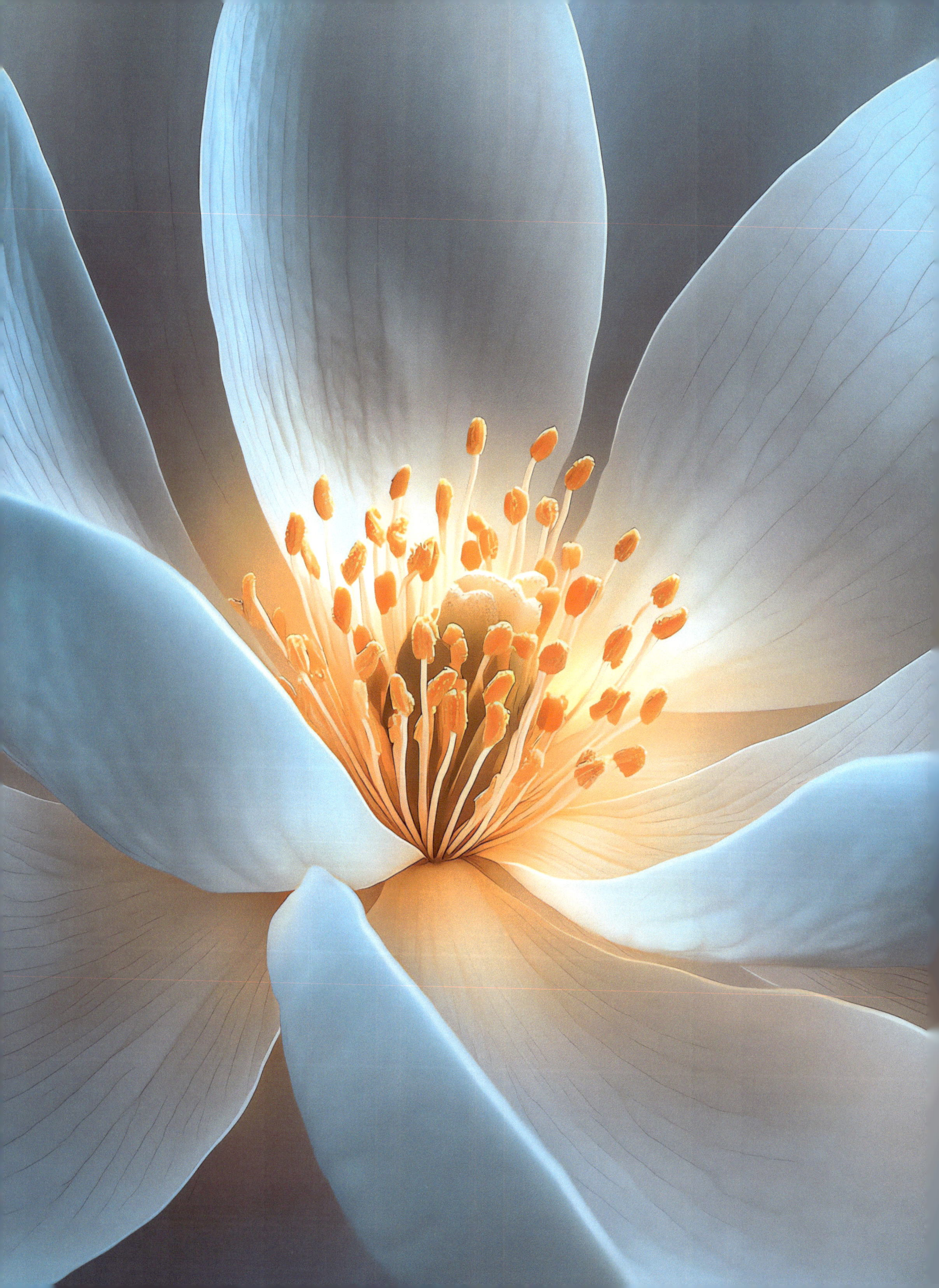

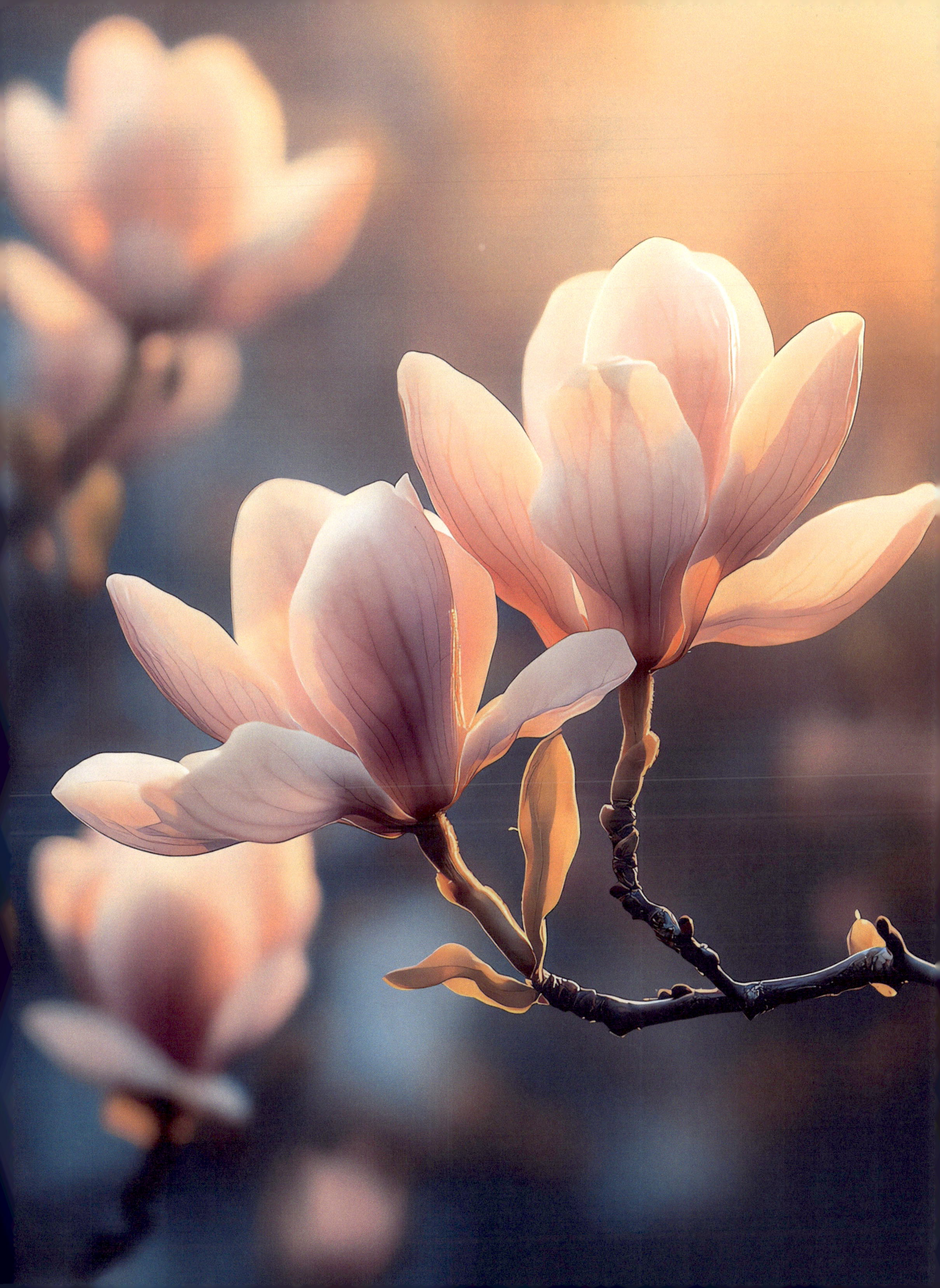

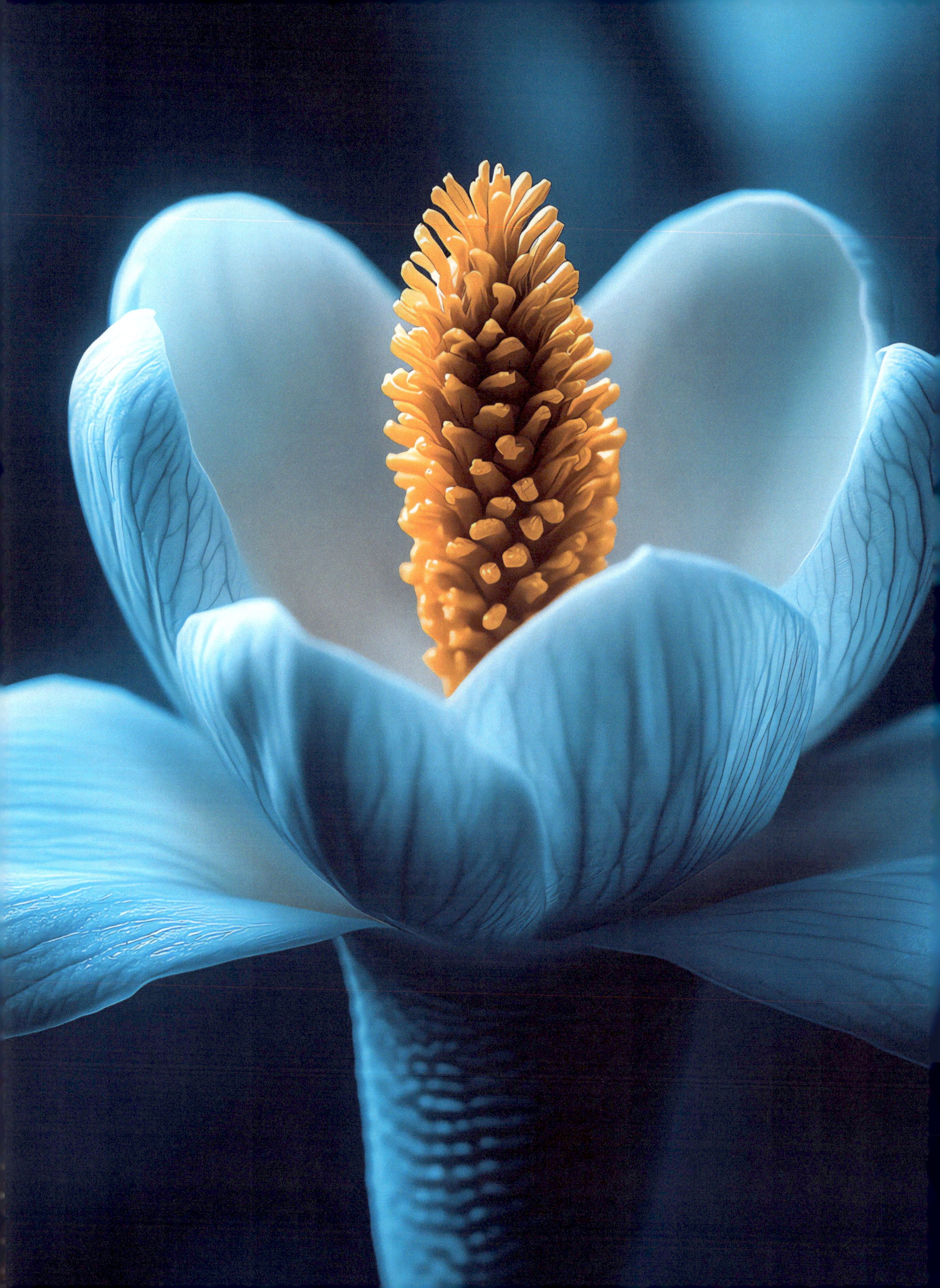

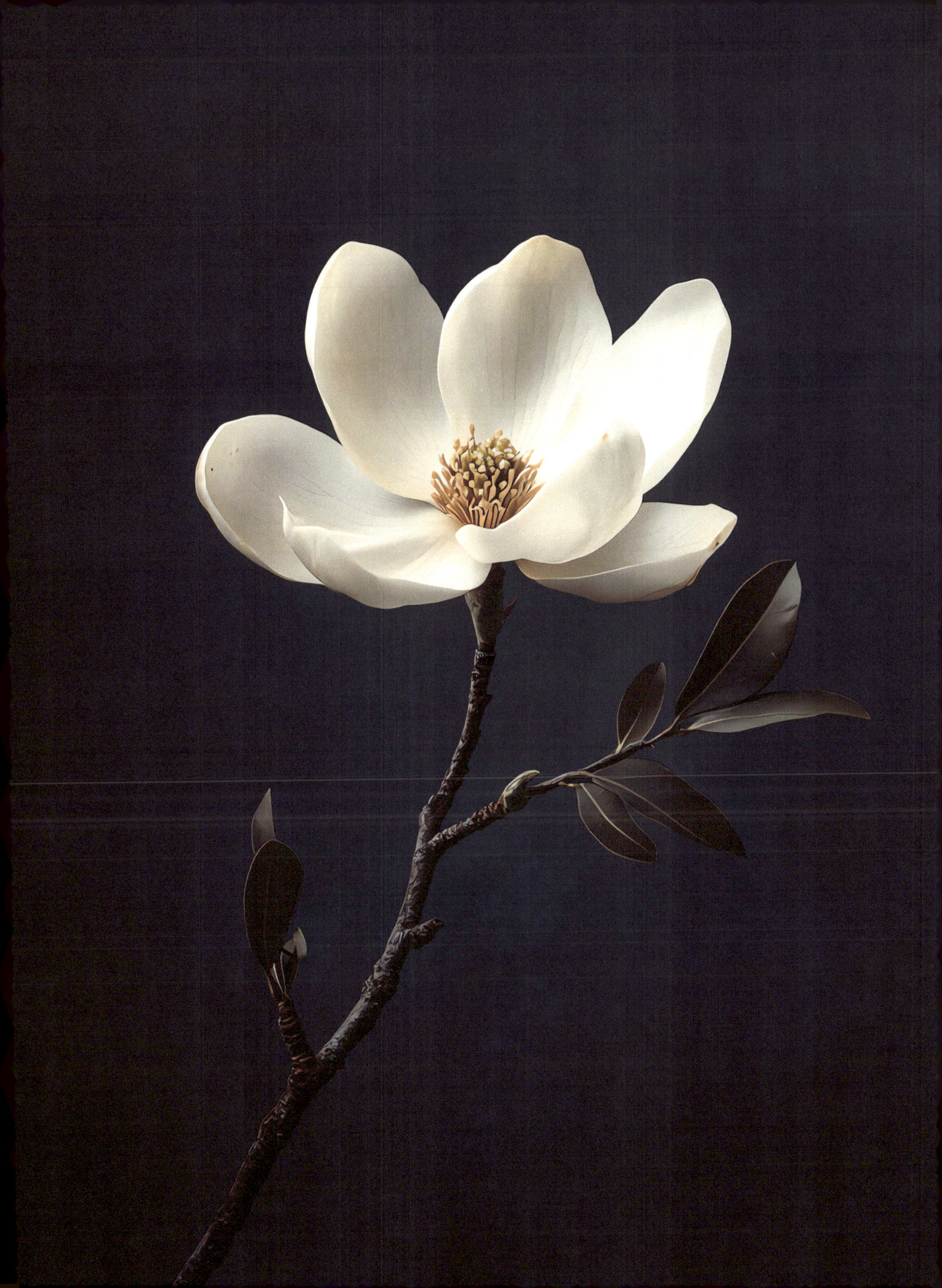

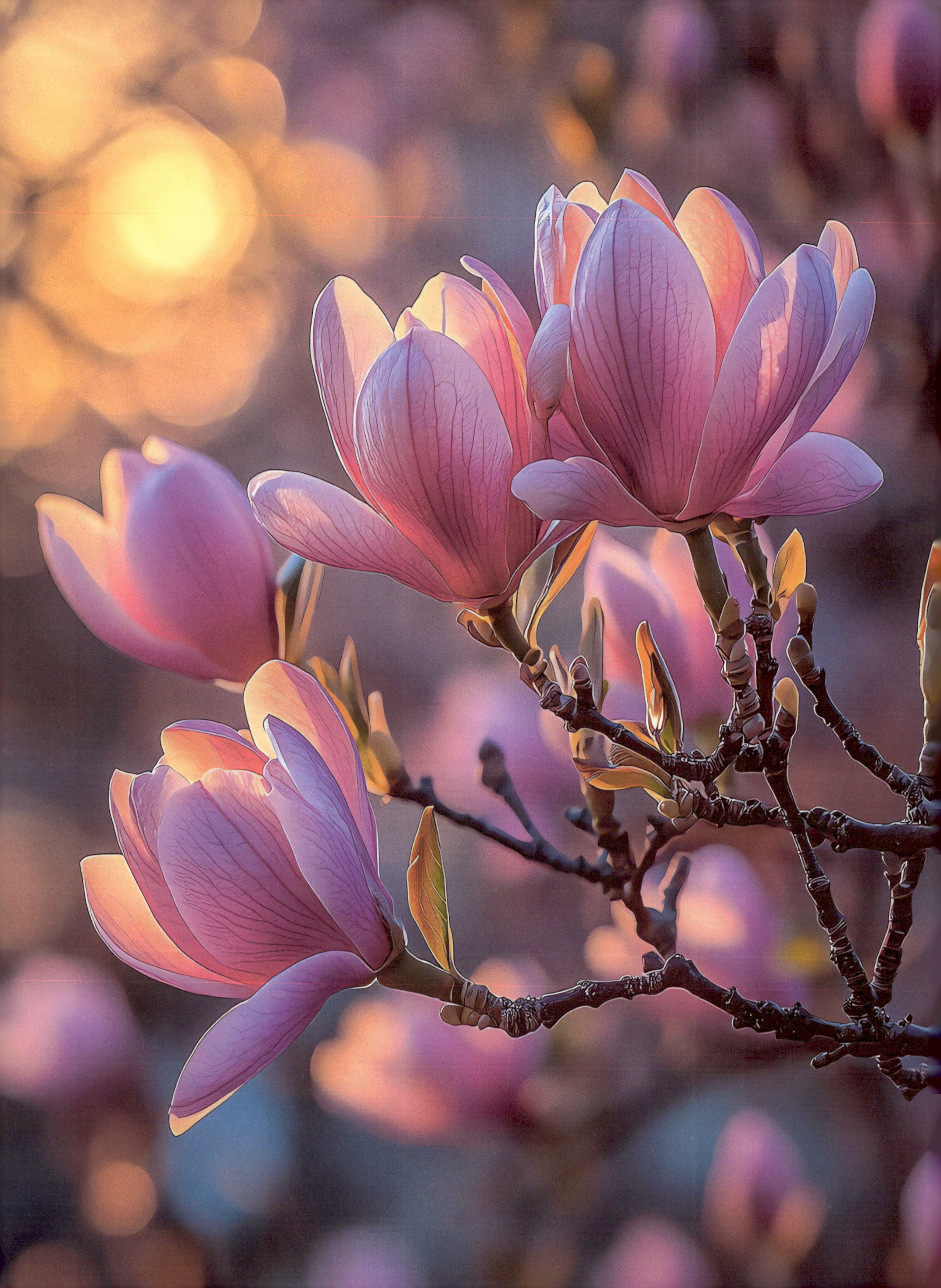

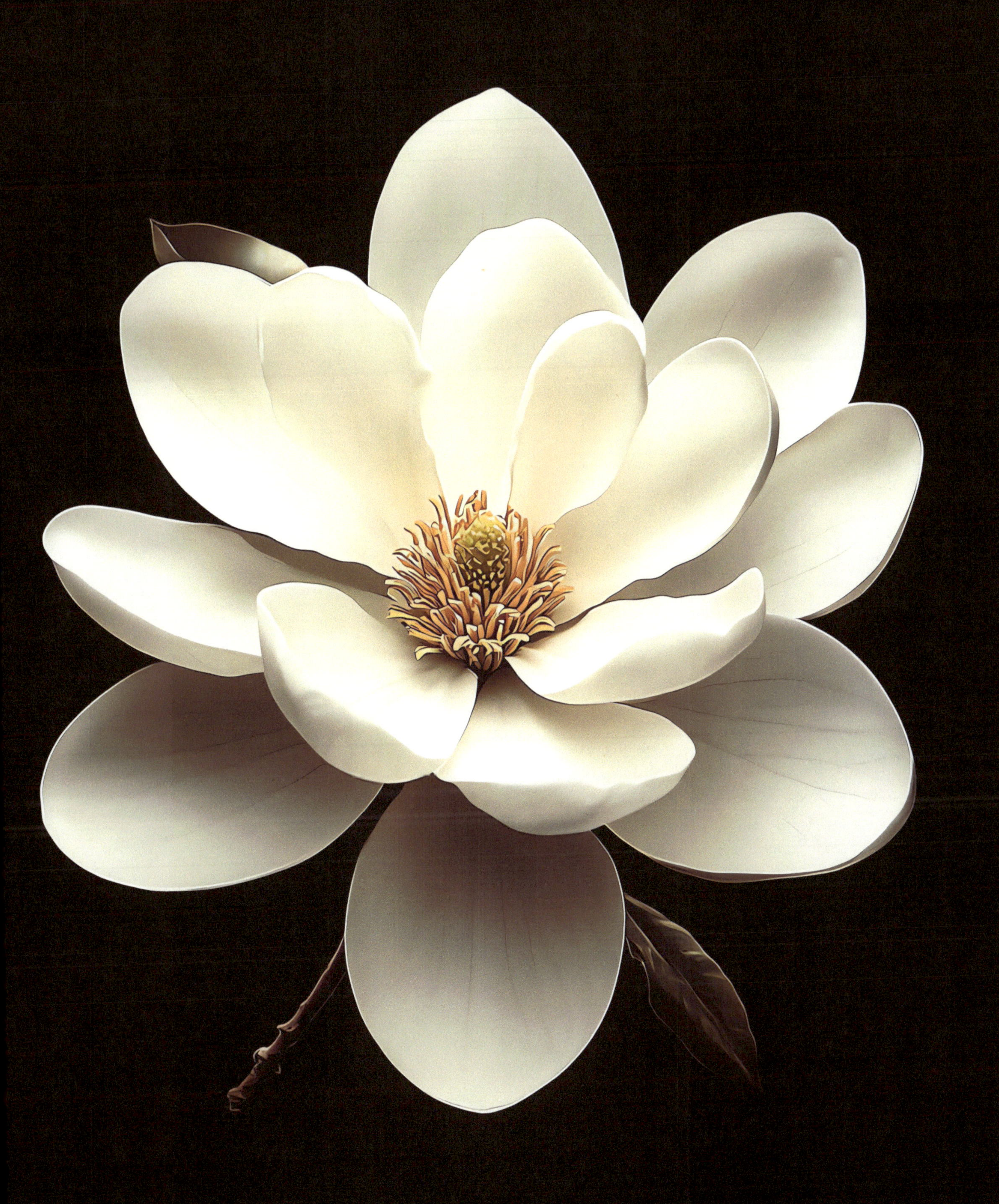

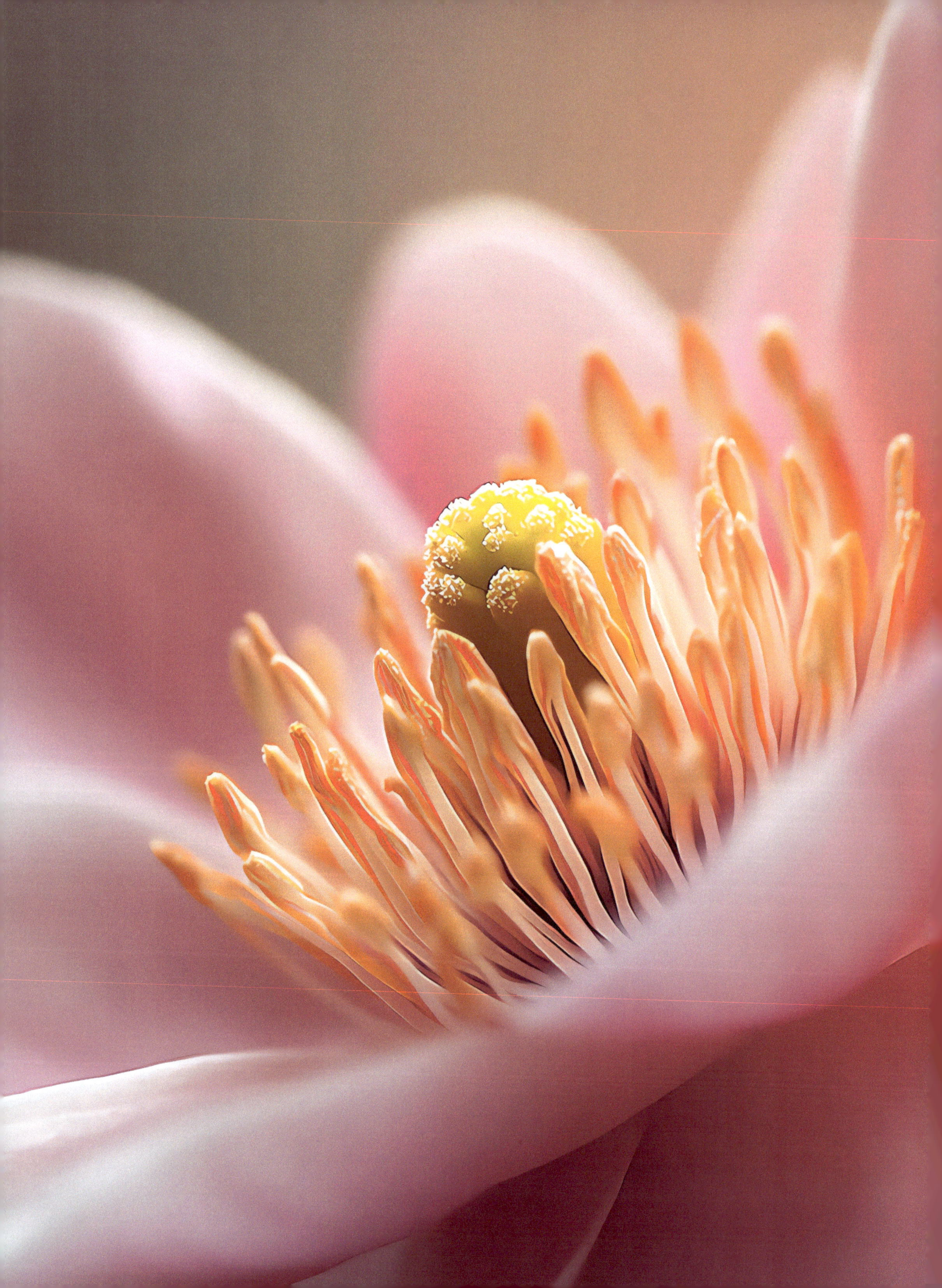

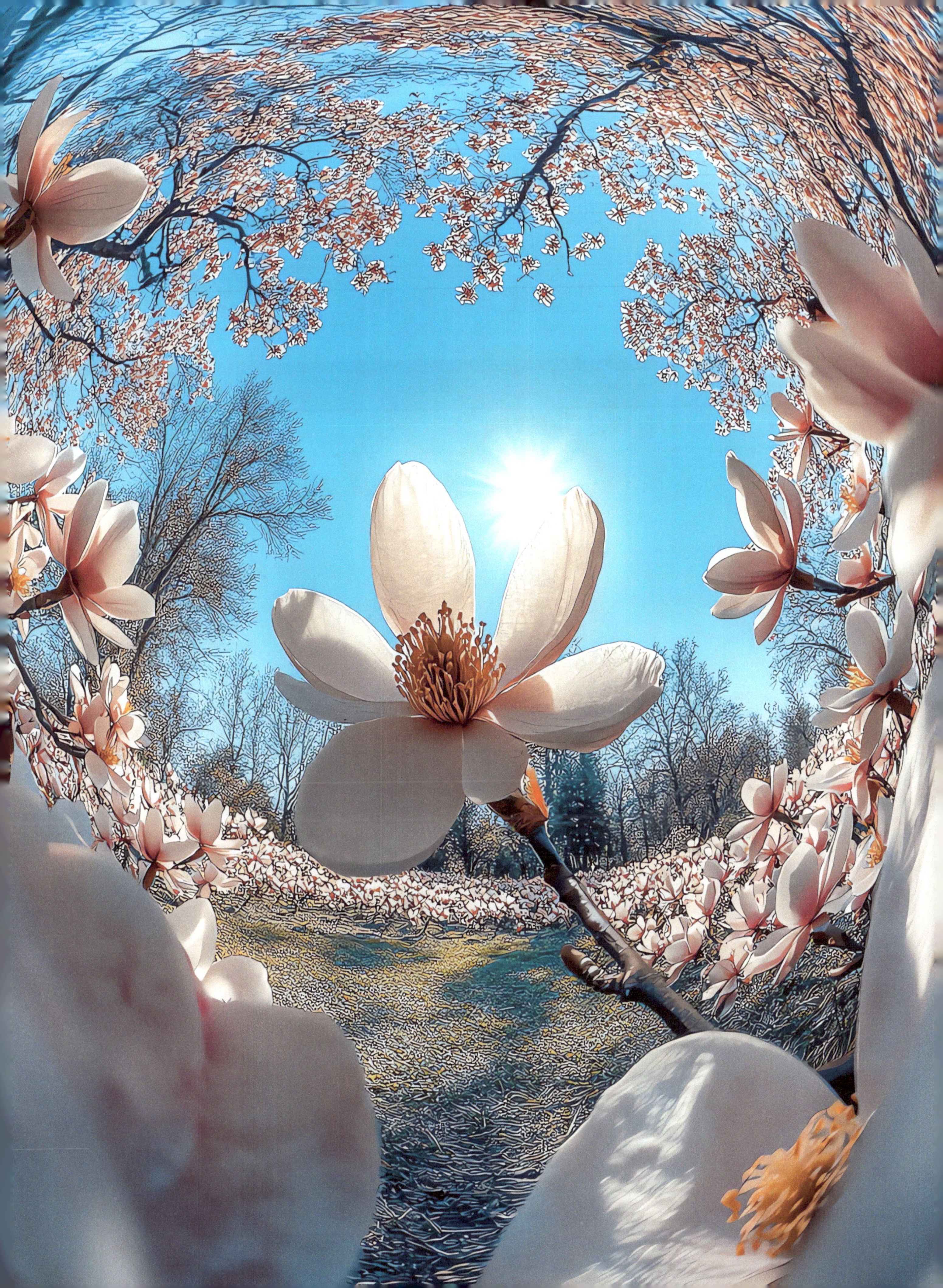

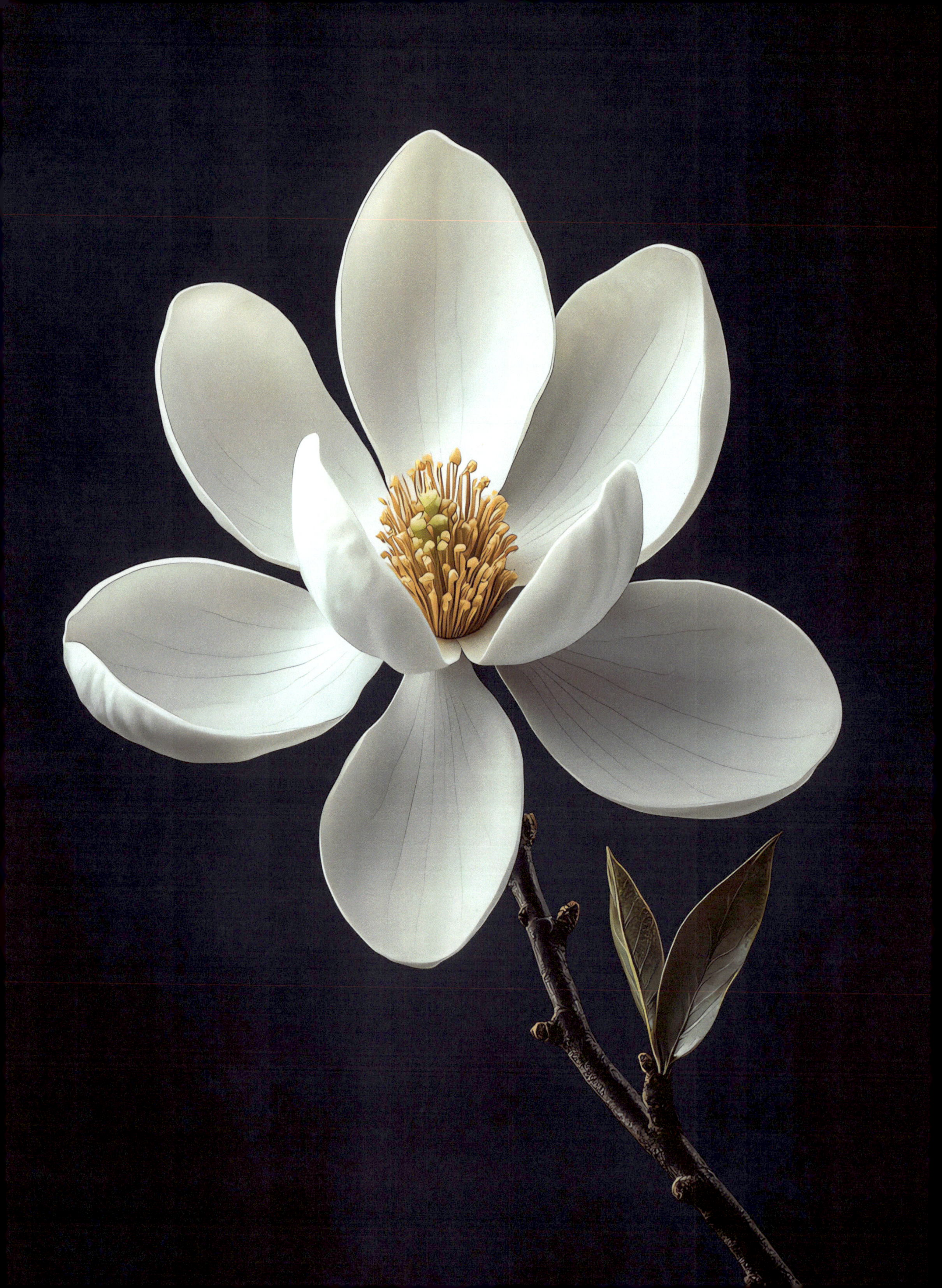

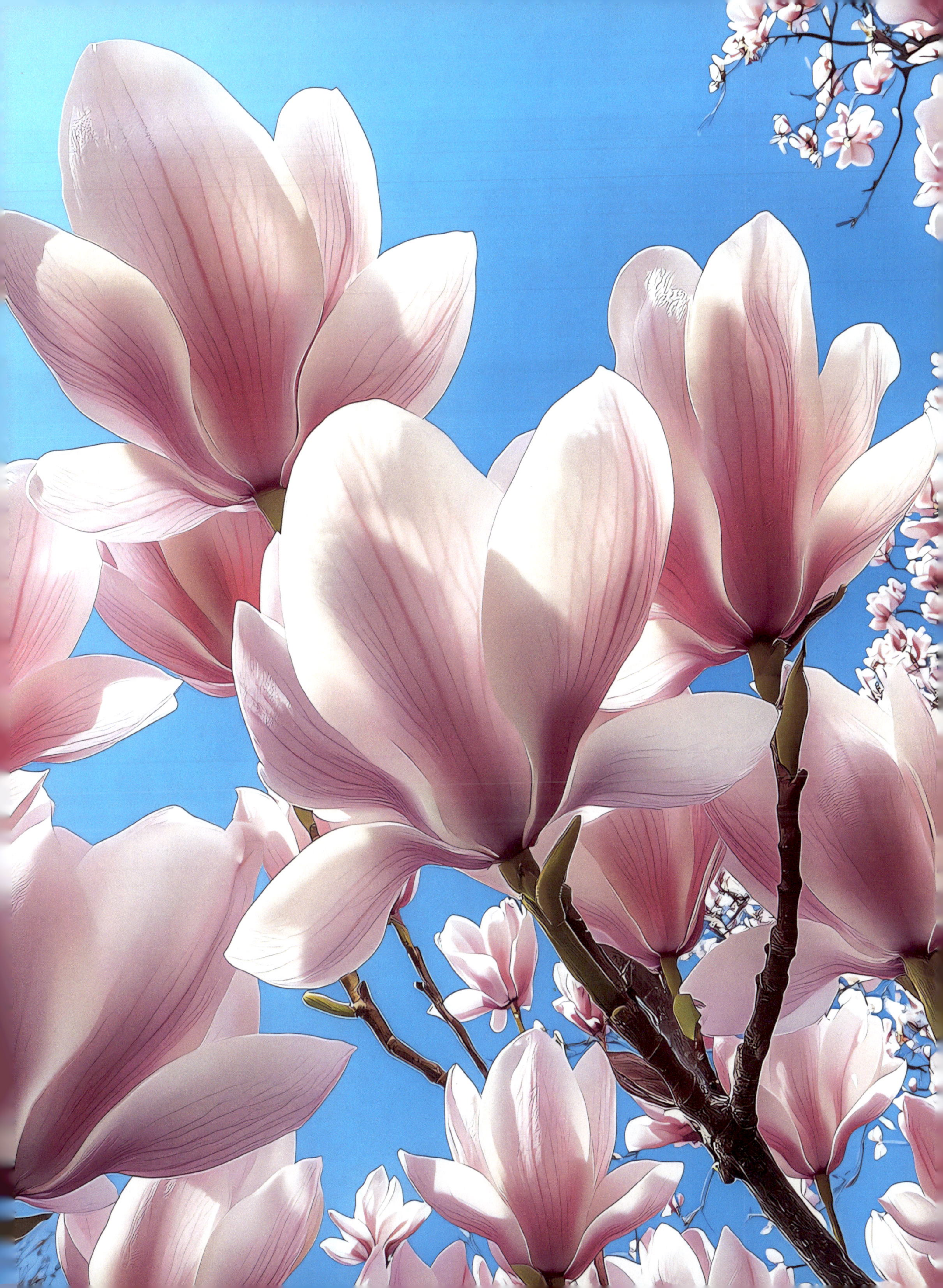

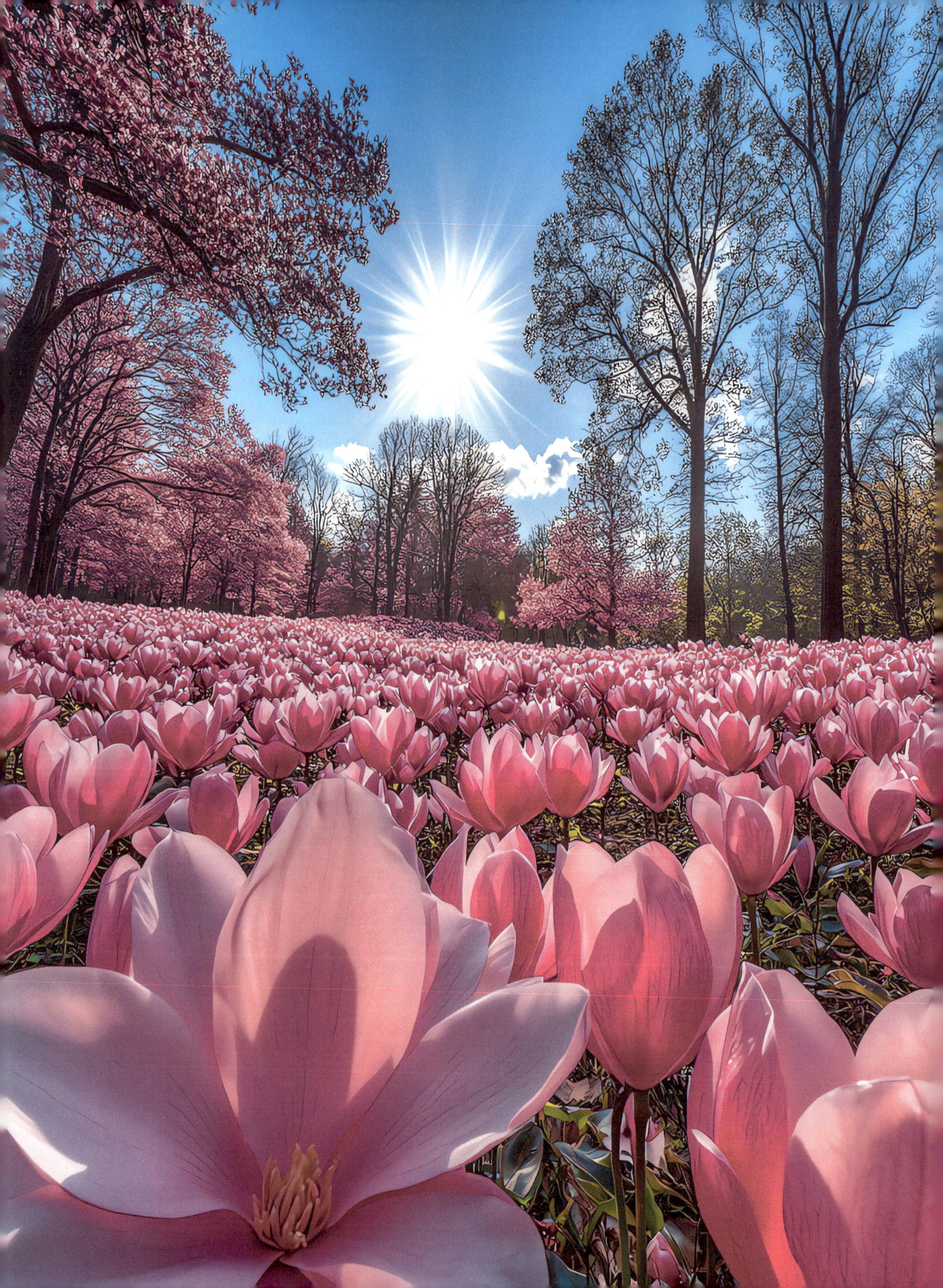

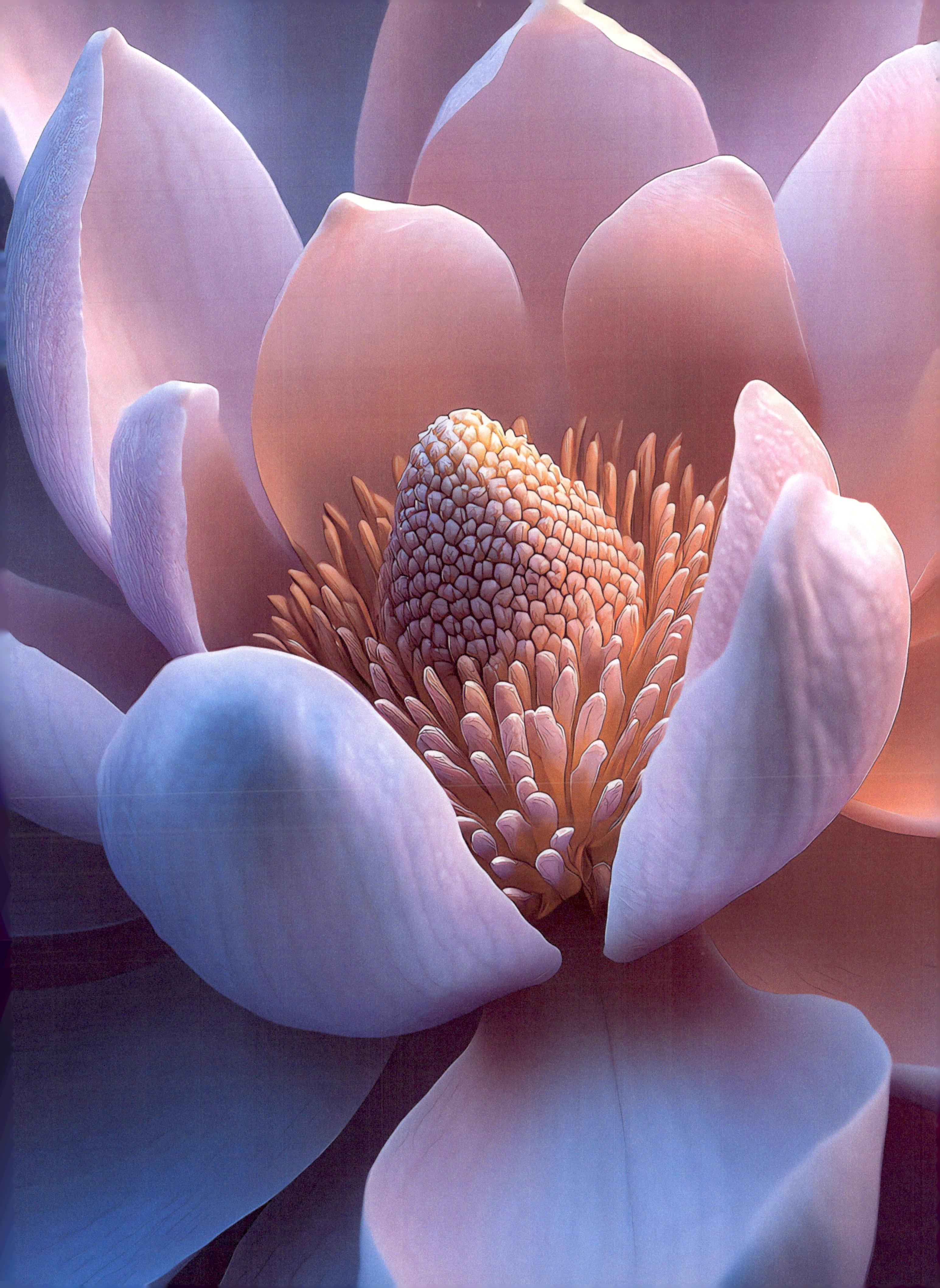

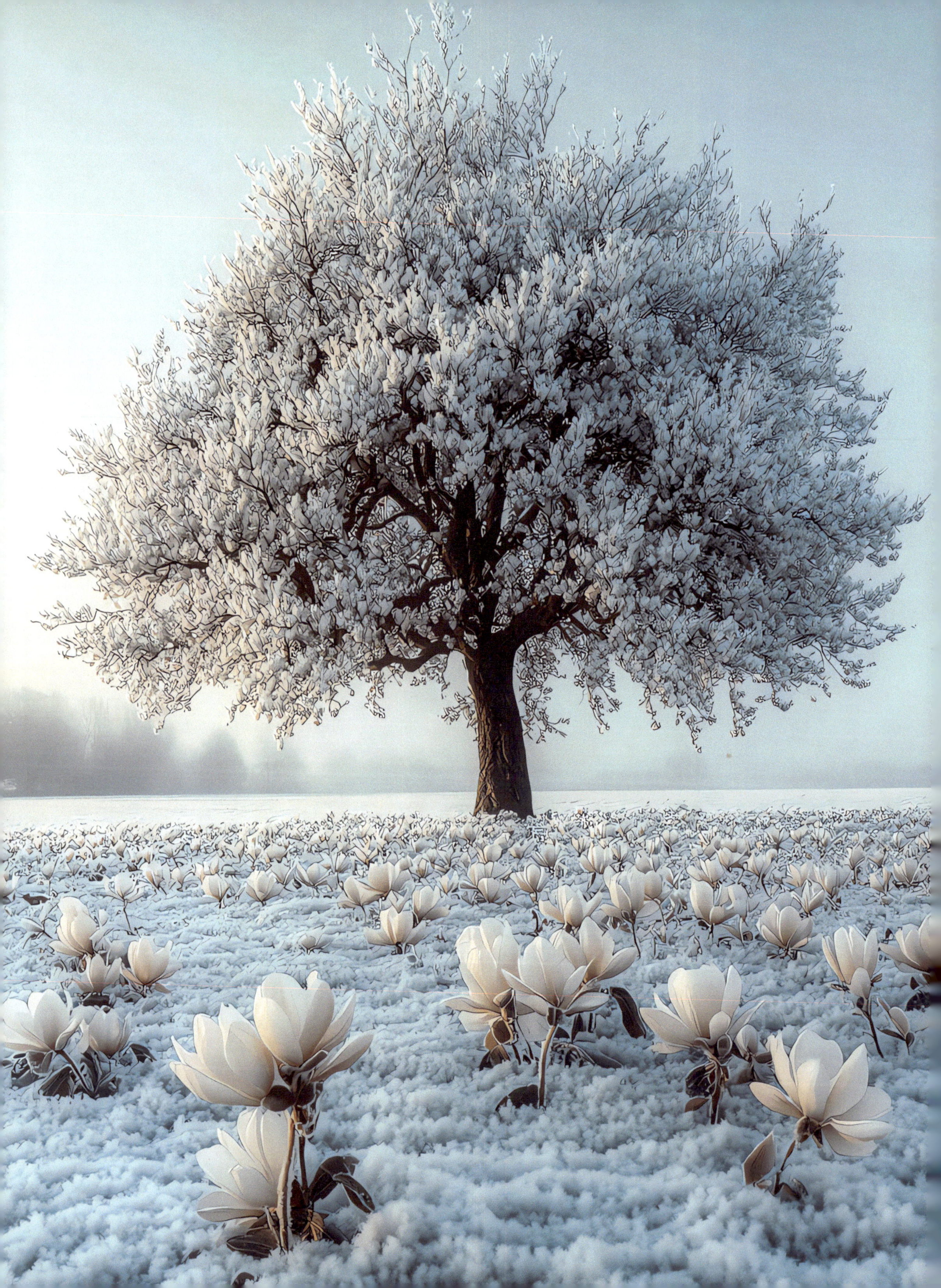

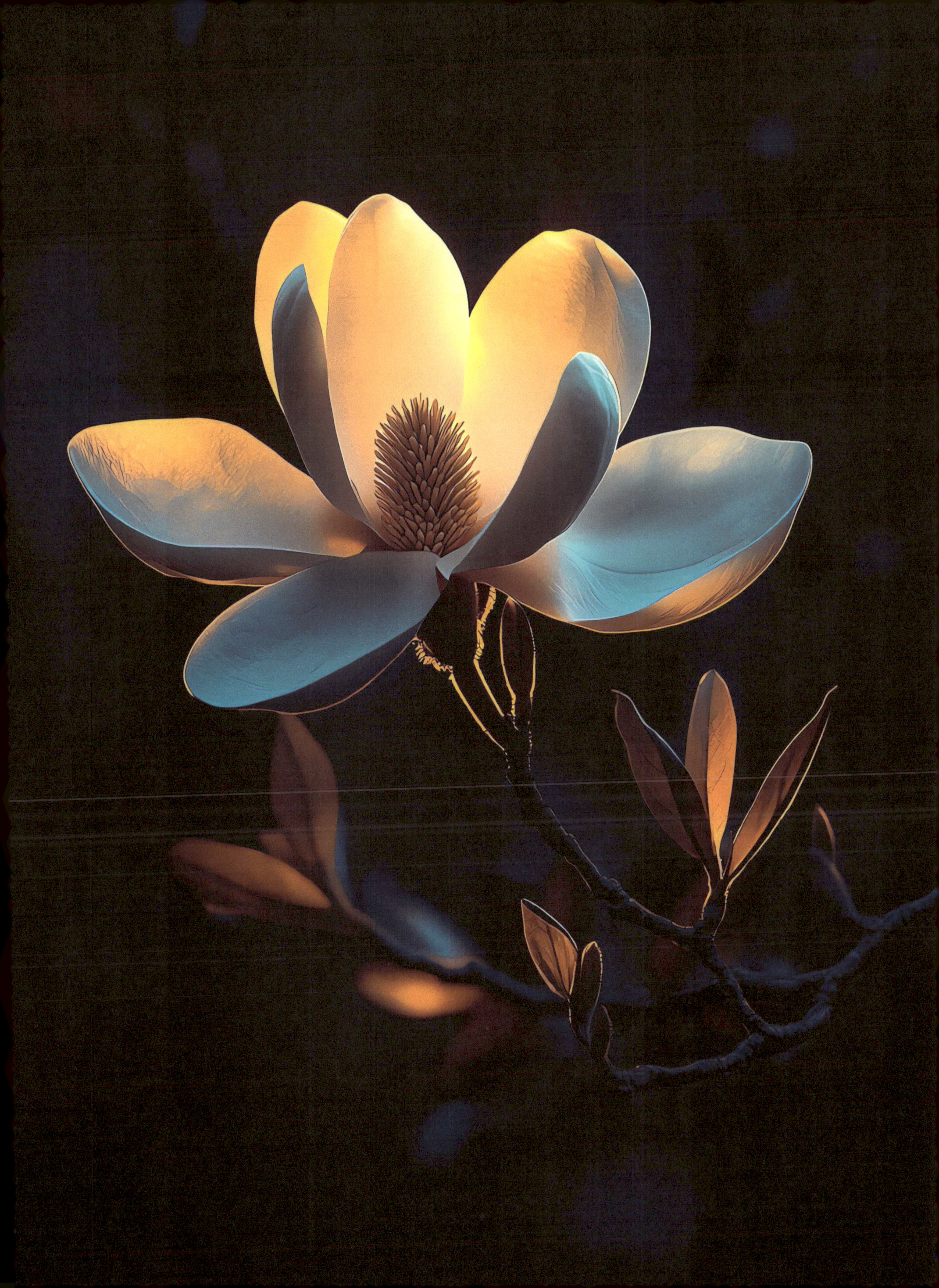

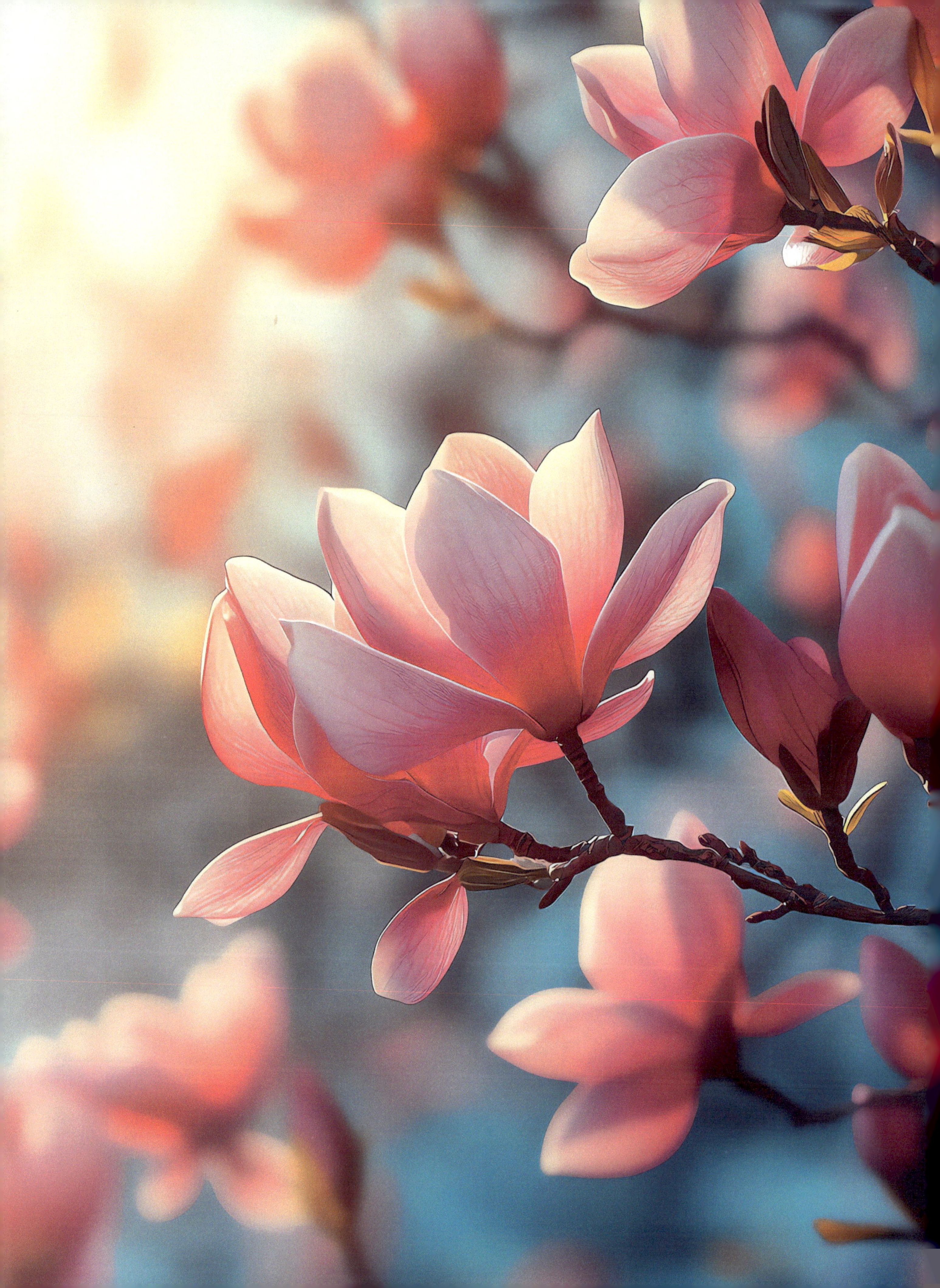

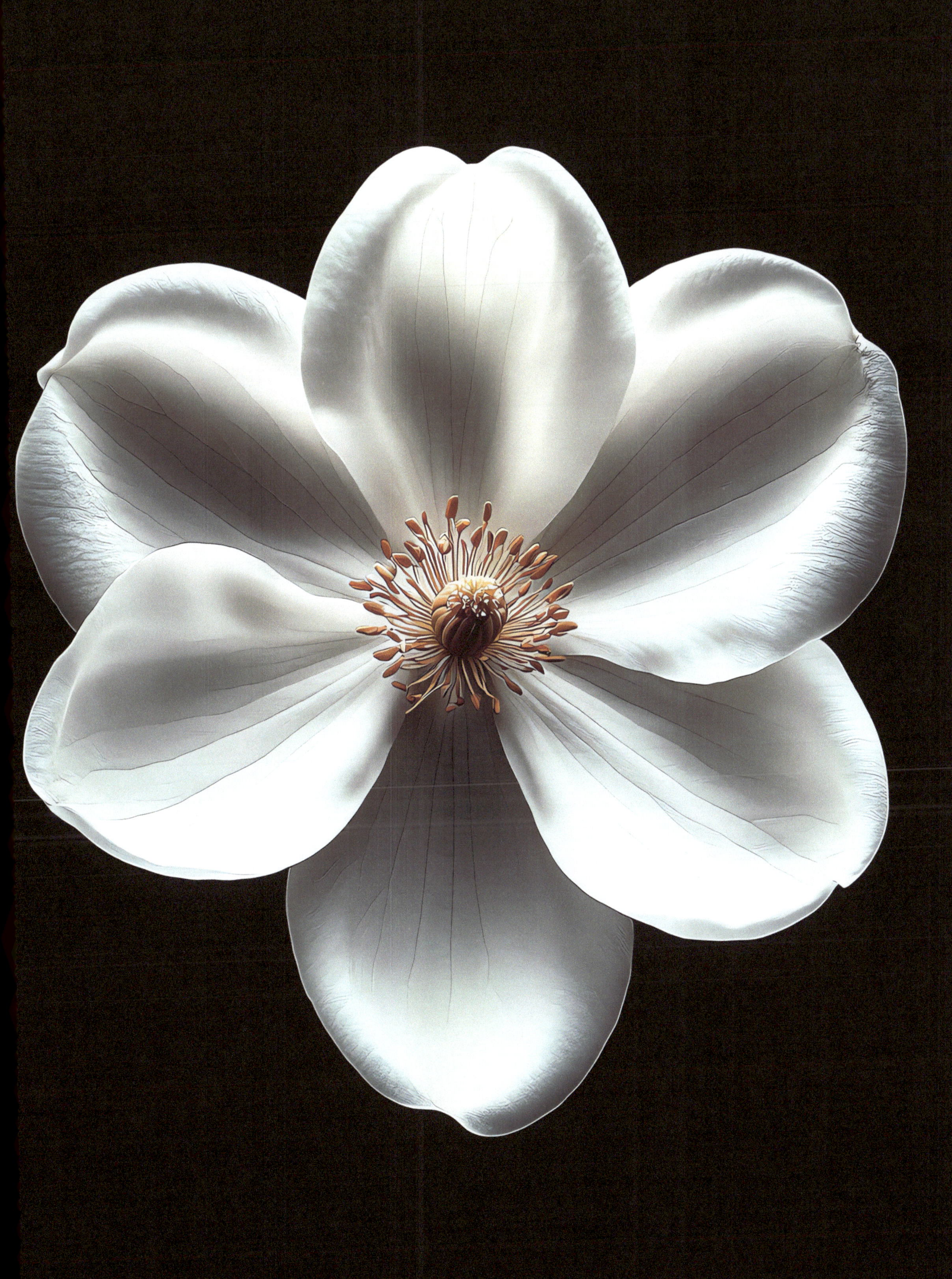

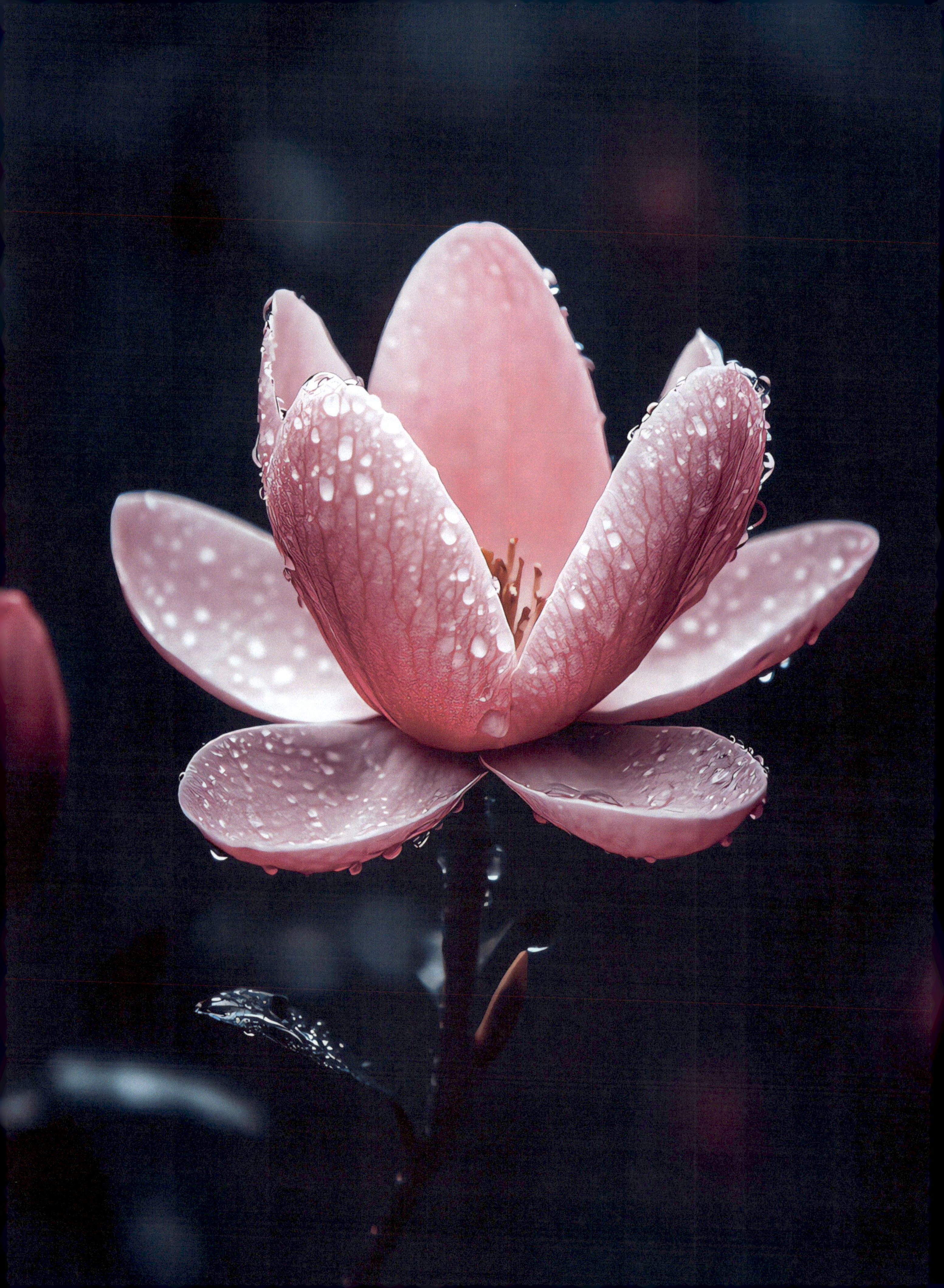